Christina Tropper
Alexander Smutni-Tropper
Die Trotzphase ist kein Ponyhof

Christina Tropper, Journalistin, Pädagogin und
Zwillingsmutter, weiß eines genau: Kinder sind das
Schönste auf der Welt. Sie können einen aber in den
Wahnsinn treiben. Darüber schreibt sie in Fachzeitschrif-
ten und auf ihrem erfolgreichen Mama-Blog
www.einerschreitimmer.com.

Alexander Smutni-Tropper ist nicht nur weltbester
Ehemann und Zwillingspapa, sondern auch als Pädagoge
und Lehrerausbilder erfahren im Umgang mit kleinen und
großen Trotzköpfen. Gemeinsam haben die Troppers ihre
Erfahrungen mit quengelnden Quälgeistern und tobenden
Trotz-Tyrannen aufgeschrieben. Was in trotzenden Kindern
vorgeht, wie man am besten mit ihnen umgeht und wie
man selbst dabei nicht untergeht, zeigen sie höchst unter-
haltsam und mit der richtigen Prise Humor.

Christina Tropper · Alexander Smutni-Tropper

Die Trotzphase ist kein Ponyhof

Der Eltern-Survival-Guide

TRIAS

▶▶ Exkurse

Willkommen Trotzphase!

Einst flogen wir für ein Wochenende nach London, aßen Rotwein-Hirschragout bei angesagten Society-Events und verbrachten Sonntage kuschelnd vor dem Fernseher. Dann wurden wir Eltern. Von Zwillingen.

Seither haben wir Augenringe wie ein Panda, verlassen unabsichtlich mit angekotzten T-Shirts das Haus und kämpfen gegen stetig wachsende Wäscheberge, die alpine Züge annehmen.

Während Alexander Psychologie studiert hat, angehende Lehrer ausbildet und auch Schüler unterrichtet, ist Christina Journalistin. Sie schreibt als ausgebildete Pädagogin für diverse Elternmagazine und bloggt in ihrer Freizeit schonungslos ehrlich auf www.einerschreitimmer.com über das Leben mit zwei Kindern. Denn:

Vielleicht heißt es Trotzphase, weil man die Kinder trotz dieser Phase besonders lieb haben muss.

Wie in der Werbefamilie, mit weißer Couch und sauberen Kindern, ist das Elterndasein in Wirklichkeit gar nicht ...

Täglich stellen wir uns neue brennende Fragen: Wie bleibt man bei klarem Verstand, wenn das Einkaufen mit Kindern zur griechischen Tragödie ausartet? Was kann man tun, wenn die Kleinen glauben, man wolle sie mit Gemüse vergiften? Und vor allem: Wie schafft man es, zwei Trotzköpfe ins Bett zu kriegen?

Nun haben wir unser gesammeltes Wissen aufgeschrieben und mit psychologischen Fakten gespickt. Denn wir wissen, dass auch die freundlichsten, süßesten, besten aller Kinder explosionsartig zu Zornigeln mutieren können. Wir wissen aber auch, dass man mit viel Liebe alles schaffen kann. Und das die Trotzphase ein wichtiger Entwicklungsschritt im Leben eines jeden Kindes ist.

Davon, wie Sie den Alltag mit trotzenden Kindern meistern können, handeln die folgenden Seiten. Denn: Die Trotzphase ist zwar kein Ponyhof, aber auch kein Rodeo.

Ihre

Hallo Trotzkopf!

Irgendwann trifft es alle Eltern — egal wie friedliebend das liebste Kind von allen vorher war. Plötzlich ist Schluss mit lustig!

Die Trotzphase und das echte Leben

Warum trotzen Kinder? Was geht im Trotzkopfgehirn vor sich? Versuchen wir einmal, uns in die »lieben« Kleinen hineinzuversetzen ...

Stellen Sie sich folgende Situation vor: Sie sind in China zur Schachweltmeisterschaft eingeladen. Sie spielen aber gar kein Schach und sprechen kein Chinesisch. Außerdem haben Sie großen Durst und müssen aufs Klo. Während Sie mit Hand und Fuß zu erfragen versuchen, wo Sie ein Glas Wasser bekommen und wo die nächste Toilette ist, erklärt Ihnen eine sehr freundliche Dame in fließendem und äußerst deutlich artikuliertem Mandarin die Schachregeln. Sie verstehen nicht genau, was die Frau Ihnen sagen will, aber sie spricht langsam und mit ausladenden Gesten. Manchmal schaut sie ein wenig genervt, denn sie wird ungeduldig, weil Sie offensichtlich nicht wissen, was zu tun ist.

Egal. Sie denken sich noch nicht viel dabei und versuchen, endlich ein Geschäft zu finden, wo Sie Wasser gegen Ihren Durst kaufen können, scheitern aber wieder kläglich. Jemand drückt Ihnen dafür lächelnd ein Stück Brot in die Hand. VERDAMMT! Die Blase ist mittlerweile auch kurz vor dem Platzen. Jetzt kommt noch jemand und überreicht Ihnen feierlich ein Buch mit den Schachregeln. Aber – AH!! Das wollen Sie ja gar nicht, weil Sie gerade dehydrieren, es aber nicht wirklich verbalisieren können. Sie sind sich in dieser Situation nicht sicher: Ist das Ganze nun kafkaesk-tragisch, absurd-witzig oder lauert da irgendwo die versteckten Kamera? Wie dem auch sei, eines ist sicher: Für Sie fühlt sich all das völlig verwirrend und absolut undurchschaubar an. Und als wäre die Situation nicht ohnehin schon schlimm genug, kommt aus dem Off plötzlich ein Mensch und brüllt Sie an und will Sie jetzt auch noch umarmen. Spätestens ab diesem Zeitpunkt ist selbst der friedfertigste Mensch kurz vor einem mittleren Nervenzusammenbruch ...

Genau so geht es Kindern in der Trotz-phase.

Das, was wir als »Trotzanfall« oder Wutausbruch bezeichnen, ist nichts an-deres als ein »Übermannt-Werden« von Gefühlen. Im Grunde genommen schaltet sich bei einem sogenannten »Trotzanfall« die linke Gehirnhälfte, die für die Logik zuständig ist, einfach ab und die rechte Gehirnhälfte, die impulsiv und emotional ist, wird die alleinige Herrscherin über unsere Kinder und gelegentlich auch über uns.

Damit das Gehirn unserer Kinder in so stressigen Situationen integriert arbeiten kann (also so, dass wieder beide Gehirn-hälften gleichermaßen aktiv und mitein-ander verbunden sind), muss sich das Kind erst einmal beruhigen. Aber das kann nur funktionieren, wenn wir ihm dabei helfen.

Denken Sie zukünftig immer, wenn sich Ihr trotzendes Kind brüllend auf den Boden wirft, an die imaginäre Schach-weltmeisterschaft in China: Die Situation ist alles andere als prickelnd und Sie fühlen sich wirklich schrecklich – ge-nauso fühlt sich auch Ihr Kind. Es hat zwar bereits einen eigenen Willen und eine genaue Vorstellung von dem, wie etwas sein sollte oder zu funktionie-ren hat. Allerdings kann es vieles noch nicht selbst tun und ist auch nicht in der Lage zu artikulieren, was es genau will. Obendrein soll es sich an widersinnige Regeln und Konventionen halten, die es nicht versteht und deren Großes und Ganzes ein Kind nicht überblicken kann. Die verständliche Reaktion? Überforde-rung, ein großes Potpourri an Gefühlen, Wut, Auf-den-Boden-Werfen – kurzum: der umgangssprachliche Trotzanfall.

Hört es jemals wieder auf?

Die Zeit zwischen 15 Monaten und drei Jahren gilt als die Hauptzeit der Trotz-phase. Betrachtet man die Trotzphase los-gelöst vom Alter, gilt: Das Trotzalter stellt sich dann ein, wenn sich das Kind seiner körperlichen und motorischen Fähigkeiten bewusst wird – und auch spürt, was es alles gern können würde, aber noch nicht alleine schafft. Wenn es anfängt, sich als eigenständige Person wahrzunehmen. Diese Phase kann also bis weit ins Kinder-gartenalter dauern.

⌃ Die Trotzphase hat immer mit dem Streben der Kinder nach Autonomie zu tun.
Wichtig ist eine Kommunikation und Interaktion auf Augenhöhe.

Jungs trotzen im Schnitt übrigens länger als Mädchen, wenngleich Letztere genauso heftige Wutausbrüche haben. Weiter kann man verallgemeinern: Ruhige, schüchterne Kinder haben weniger Zornanfälle als impulsive, dickköpfige. Und ein hungriges, müdes Kind platzt eher als ein waches und sattes. Viel mehr lässt sich über Stärke und Vorkommen von Trotzanfällen jedoch nicht generalisieren. Denn: Jedes Kind ist anders und wundervoll einzigartig. Übrigens, die Anzahl und Intensität der Wutanfälle kann stark variieren. Zwischen einigen Malen pro Tag und nur einem Mal die Woche; zwischen beinahe völlig unerträglich und leicht entnervend.

Aber es gibt ein Licht am Ende des Tunnels! Mit drei Jahren steigen die Fertigkeiten des Kindes enorm an und es verspürt weniger Frustration bei der Umsetzung seiner Vorstellungen. Darüber hinaus kann es sich nun verbal viel besser ausdrücken und verständlich machen. Es gelingt ihm auch besser, Situationen und Abläufe einzuordnen. Dies führt in den meisten – aber nicht allen! – Fällen dazu, dass die Wut- und Gefühlsausbrüche weniger werden und langsam abebben.

Warum das Trotzkopfgehirn nicht anders kann

Die Trotzphase wird in der Fachliteratur nicht umsonst auch Autonomiephase genannt. Es geht bei den Kindern darum, selbstwirksam zu agieren. Das Kind hat eine Vorstellung von dem, was es tun muss, um an sein Ziel zu kommen, schafft es aber oft nicht: Ein Ball ist unter den Schrank gerollt. Das Kind legt sich auf den Boden und will mit seinen kleinen Ärmchen den Ball erreichen. Es probiert es immer wieder, aber seine Arme sind zu kurz. In seinem Alter weiß das Kind noch nicht, dass es auch mit einem kleinen Stock oder Kochlöffel zum Ziel kommen kann. Und artikulieren kann es seinen Wunsch auch noch nicht. Es ist frustriert und enttäuscht. Es ist traurig und überfordert. Es ist wütend! Schimpfen kann es noch nicht, um sich Luft zu machen. Es kann seinen Zorn nicht erklären. Was also tun? Die klare Reaktion aus Sicht des Kindes ist der sogenannte Trotz. Was Müttern hilft, sind Gin und ruhige Nerven!

Die Autonomiephase/Trotzphase
Der Name »Trotzphase« ist übrigens umstritten, handelt es sich beim Trotzen doch nicht um eigensinnigen Widerstand gegen eine Autorität, sondern vielmehr um ein Streben nach Autonomie. Der Begriff »Autonomiephase« wird daher in der Literatur häufig verwendet. Auch die Termini »Willensphase« oder »Ich-Entdeckungsphase« findet man häufig in Fachbüchern. In diesem Buch wird aus praktischen Gründen das Wort »Trotzphase« verwendet, da es vielen Lesern am vertrautesten ist.

Trotzsituationen

Immer wieder werden Sie mit Trotzsituationen konfrontiert werden. Zu Hause, unterwegs, im Kindergarten … Gut gewappnet erträgt es sich leichter.

Die besten Strategien

Ein paar grundsätzliche Dinge und goldene Regeln helfen, dass Trotzköpfe nicht ganz so oft explodieren.

Was tun, wenn der liebe Nachwuchs in seiner Wutschleife feststeckt und einen Trotzanfall vom Feinsten hat? Es gibt Strategien und Herangehensweisen, wie Sie diese anstrengenden Minuten – denn zum Glück dauert es meist nicht viel länger – mit Ihrem Kind gemeinsam durchstehen. Und mit ein wenig Umstrukturierung im Alltag lassen sich manche Trotzanfälle sogar ganz vermeiden.

Den kleinen Trotzkopf mitentscheiden lassen

Je mehr ein Mensch frei bestimmen darf, desto eher kann er damit leben, wenn über seinen Kopf hinweg bestimmt wird. Wie aber mit einem Kind kommunizieren, das nicht sprechen kann? Je jünger Kinder sind, desto ferner scheint es zu liegen, sie als kompetente, gleichwertige Partner mit eigenen Rechten anzusehen und sie an Entscheidungen, die sie oder gar die Gemeinschaft betreffen, zu beteiligen. Besonders im U3-Bereich überwiegt oft eher eine fürsorgliche Haltung. Fachkräfte wie Eltern meinen, zu wissen, was die Kinder brauchen, und dafür sorgen zu können, dass sie es auch bekommen. Zudem fällt es vielen Erwachsenen angesichts der verbalen Eingeschränktheit der Kinder schwer, in einen Dialog mit ihnen zu treten.

Partizipation kann jedoch mit der Geburt beginnen. Erste Partizipationsprozesse entstehen, wenn eine Mutter und ihr Baby aushandeln, wann gestillt wird. Kinder bringen ihre Bedürfnisse und Interessen in 100 Sprachen zum Ausdruck, indem sie alle ihnen zur Verfügung stehenden Kommunikationsmittel einsetzen, seien es Gestik, Mimik, Geräusche

oder Laute. Wenn Erwachsene diese Sprachen lernen, werden schon mit sehr jungen Kindern Dialoge und gemeinsame Entscheidungen möglich.

Was also bereits bei den ganz Kleinen beginnt, wird bei den größeren Kindern dringlicher: Bedürfnisse, Wünsche, eigene Vorstellungen und der Drang, selbstbestimmt zu handeln. Dabei stoßen sie aber immer wieder an Grenzen. An solche, die in der Natur der Dinge liegen: Das Kind ist zu klein, um an die Keksdose im obersten Regalfach zu gelangen. Aber auch an Grenzen, die wir ihnen »aufzwingen«, weil wir – Hand aufs Herz – nicht anerkennen, dass unsere Kinder eine eigene Meinung und eigene Wünsche haben. Ob das nun auf dem Spielplatz oder im Supermarkt ist, wenn Kinder noch länger auf der Schaukel sitzen möchten oder unbedingt einen

Schokoriegel haben wollen, sollten wir diese Wünsche respektieren. Wir können unsere Entscheidung gegen Sandalen im Winter oder Schokoriegel an der Kasse rational begründen. Doch im Prinzip ist es wie bei einer heftigen Politikdebatte im Freundes- und Verwandtenkreis: Leben und leben lassen. Denn die jeweiligen Wünsche von Eltern und Kindern passen in gewissen Fällen eben einfach nicht zusammen, man kommt auf keinen grünen Zweig. Es gilt also einen gemeinsamen Nenner zu finden, mit dem beide Seiten leben können. Demokratie im Kleinen mit den Kleinen, inklusive sinnvoller und kindgerechter Rahmenbedingungen und Strukturen, die dem Kind Sicherheit geben. Und noch etwas: Was, denken Sie, ist die beste Eltern-Reaktion in diesen kindlichen Gefühlsbädern? Gelassen bleiben und sich freuen! Freuen? Ja! Jedes Mal wenn ein Kind »Nein« sagt, lernt es sich als eigenes Individuum mit eigenen Absichten und Handlungszielen zu begreifen und macht somit einen weiteren wichtigen Schritt in seiner Entwicklung.

Sich auf Augenhöhe begegnen

Was Chefs in Management-Seminaren lernen, gilt auch für Eltern: Die Kommunikation mit den Mitarbeitern oder in unserem Fall den Kindern muss stimmen. Der Titel des Bestsellers von Psychiater Thomas A. Harris »Ich bin o.k, du bist o.k.« bringt es auf den Punkt. Menschen, egal welchen Status (oder welchen Altersunterschied) sie haben, sind einander gleichwertig. Keiner ist mehr wert als der andere. Diese Haltung ist entscheidend. Wenn diese Gleichwertigkeit uns in unserer Haltung abhandenkommt, ist eine Tretmine gelegt. Das gilt gerade für den Umgang mit Kindern. Die Einstellung ist ein versöhnlicher und liebevoller Ansatz, der von gegenseitigem Respekt geprägt ist. Das bedeutet nicht, auch alles gutzuheißen, was jemand anderes tut. Darum geht es hier nicht. Gemeint ist vielmehr die Grundannahme, dass jeder Mensch im Rahmen seiner Möglichkeiten sein Bestes gibt.

Timing ist alles oder: Struktur und Familienrituale

Gewisse Trotzsituationen kündigen sich an. Kinder explodieren gerne, wenn sie müde oder hungrig sind, wenn es zu Hause chaotisch ist, weil ein Termin eingehalten werden muss. Oder wenn viele Menschen zu Besuch sind und es laut ist, wenn sie aus dem gewohnten Trott gerissen werden. Einige dieser brenzligen Situationen kann man im Vorfeld entschärfen. Das Zauberwort heißt »Timing«. Wenn Kinder hungrig einkaufen gehen, ist Stunk vorprogrammiert. Das ist logisch. Also: Die Abläufe zu Hause sollten sich – soweit möglich – nach den Bedürfnissen des Kindes richten. Das ist schon die halbe Miete.

Vom gemeinsamen Frühstück bis zum Gutenachtritual: Kinder brauchen einen Alltag mit festem Rhythmus und klarer Struktur. Nur dann fühlen sie sich sicher und geborgen. Das ist nicht immer leicht angesichts des engen Zeitrahmens berufstätiger Eltern, der täglichen Anforderungen und Termine aller Familienmitglieder, der oft aufkommenden Hektik. Aber es lohnt sich! Der feste Rahmen zeigt den Kindern täglich aufs Neue: Hier bist du geborgen, hier hat alles seinen Platz, hierher kannst du immer zurückkommen. Dieser starke Rückhalt vermittelt Sicherheit und ermutigt gleichzeitig, sich auf Neues einzulassen und dazuzulernen. Das macht Kinder selbstständig, selbstbewusst und zufrieden. Und Sie als Eltern profitieren nicht minder. Märchenstunde am Donnerstag, Wochenmarkt am Samstag, Schwimmbad am Sonntag: Es sind die selbst gewählten Gewohnheiten und Grundmuster des Alltags, die den Lebensstil und die Eigenart einer Familie prägen. Das so entstehende Wir-Gefühl wappnet Groß und Klein gegen eine sich immer schneller verändernde Umwelt und die damit verbundenen Unwägbarkeiten.

Kindgerechtes Umfeld oder: Das Kind selber machen lassen

»Selber machen« gehört zur Autonomiephase wie das Amen zum Gebet. Kinder sind kompetent und möchten eigenständig werden. Manchmal klappt es nicht so, wie sie wollen. Hier können die Erwachsenen sie unterstützen. Ganz nach dem Leitsatz von Maria Montessori »Hilf mir, es selbst zu tun« brauchen und wollen Kinder oft nur ein wenig Unterstützung, um ihr gestecktes Ziel zu erreichen.

Was aber, wenn das Spielzeug nur schwer erreichbar ist? Und wenn das Kind gerne beim Kochen helfen möchte? Ganz einfach: Das Umfeld verändern. Ein sogenannter Learning Tower oder auch Lernturm hilft den Kindern, an die Arbeitsplatte in der Küche zu gelangen, um so den Eltern beim Kochen zu helfen. Ein Hocker im Badezimmer macht es den Kindern möglich, alleine die Hände zu waschen. Ein Kinderstuhl, auf den man selber klettern kann, hilft unabhängig zu sein. Auch in Krippe und Kindergarten sind Stühle und Tische auf Höhe der Kinder. Klar, dass es dort zu weniger Knatsch kommt als zu Hause, denn wenn das Kind ein Buch möchte, so kann es sich dieses einfach holen. So können die Kleinsten nämlich alles »selber machen«. Und: Kein Stress, wenn doch mal etwas runterfällt – Scherben bringen Glück.

Klare Regeln, klare Sprache

55 Prozent der Kommunikation mit Kindern läuft über Körpersprache, Mimik und Gestik, 38 Prozent über den Klang unserer Stimme und nur 7 Prozent vermittelt sich den Kindern über den Inhalt, den Sinn der Worte. »Kinder kommunizieren ganzheitlich. Sie hören nur auf Worte, wenn sie stimmig zu Tonfall, Gestik und Mimik passen«, sagt der Familienberater Jan-Uwe Rogge. Oft reden wir Großen auch einfach zu viel auf unsere Kinder ein. Dabei lernen sie sehr schnell, dass sie der elterlichen Geräuschtapete nicht allzu viel Beachtung schenken müssen. Sollte mal etwas wirklich Wichtiges dabei sein, wird es garantiert noch mal gesagt. Je jünger ein Kind ist, desto klarer müssen die Worte sein. Kurz und klar ist viel besser als lang und komplex. Kurz und klar, das bedeutet auch: »Nein« zu sagen, wenn man »Nein« meint. Und dabei zu bleiben. Das macht den Alltag leichter, für Eltern genauso wie für Kinder. Denn mit ausweichenden Formulierungen oder halbherzigen Verboten kommen Kinder am Ende schlechter zurecht als mit einer eindeutigen Ansage. Natürlich ist ein Nein nicht unbedingt das, was der Nachwuchs hören will. Aber an einer klaren Aussage wissen Kinder, was sie haben. Und wir als Eltern sollten sie sowieso nicht in Watte packen, sondern auf das wahre Leben vorbereiten, in dem es auch immer mal wieder Enttäuschung, Frust und eben ein Nein gibt.

Das Nein wohldosiert verwenden

Ein Nein der Eltern gibt dem Kind die Chance, zwei Dinge zu lernen:

1. Ich brauche nicht jedes Bedürfnis sofort erfüllt zu bekommen, sondern kann auch warten oder ganz verzichten.
2. Ich kann Frustration und Enttäuschung aushalten.

Aber auch das Nein braucht Regeln, um seine positive Wirkung entfalten zu können. Es sollte wohldosiert und niemals aus einer bloßen Laune heraus eingesetzt werden – oder gar als Liebesentzug gemeint sein.

Gerade das Nein geht Eltern heute nicht so leicht über die Lippen. »Ja« ist das Symbol für die Liebe schlechthin. Es ist das entscheidende Codewort, mit dem wir uns signalisieren, dass alles so ist, wie es sein soll, schreibt etwa der dänische Familientherapeut Jesper Juul. Und damit hat er natürlich völlig recht, denn oft hat man in Familien heute die Möglichkeit, ohne viele Abstriche Ja zu sagen, immerhin leben wir in einer Überflussgesellschaft. Ob ein Kind nun ein Bonbon an der Kasse bekommt oder nicht, wird in das Familienbudget wohl kein großes Loch reißen, sondern es ist eher eine Grundsatzfrage, die es zu beantworten gilt.

Doch wie oft sollen wir Nein sagen? Dafür gibt es natürlich keine Regel – es ist situationsabhängig. Wichtig ist allerdings: Wer einmal Nein sagt, sollte beim Nein bleiben. Es macht auch keinen Sinn, in der Öffentlichkeit anders zu agieren als zu Hause. Denn wenn ein Trotzanfall das Verhalten der Eltern verändert,

so lernt das Kind, dass ein stürmischer Gefühlsausbruch genügt, um ans Ziel zu kommen. Ein grundlegender Teil des Lernprozesses in der Trotzphase ist, dass Kinder lernen, sich in jemand anderen hineinzuversetzen. Offen beobachten kann man diesen Prozess, wenn Kinder damit beginnen, Rollenspiele zu spielen. Ab diesem Zeitpunkt ist es wichtig, dem Kind zu zeigen, dass sein Handeln Konsequenzen hat. »Wenn ich meinen Bruder schlage, dann weint er. Er hat Schmerzen.« Das Kind kann sich in etwa ab dem Alter von drei Jahren in andere Personen zumindest teilweise hineinversetzen.

Regeln einführen und einhalten

Unser aller Handeln hat Konsequenzen. Wir müssen uns im Straßenverkehr an Regeln halten, weil es sonst zu Unfällen kommt. Wir müssen Steuern zahlen, damit das Sozialsystem laufen kann. All diese Regeln basieren auf einem gemeinsamen Beschluss einer Gruppe. Diese Regeln geben uns auch Sicherheit.

Auch im Zusammenleben mit Kindern braucht es Regeln, die im besten Fall gemeinsam beschlossen werden. Doch wie damit umgehen, wenn sich Kinder nicht an die vereinbarten Regeln halten? Das Zauberwort heißt »logische Konsequenz«. Wir sprechen nicht von einer Strafe, denn die wäre willkürlich. Die logische Folge ist weder gut noch böse. Sie ist einfach eine Folge. Die »logische Konsequenz« geht davon aus, dass unser Handeln Folgen hat. In den meisten Fällen finden Eltern eine Konsequenz, die wirklich mit der Situation an sich in Verbindung steht.

Ein Beispiel:
Das Kind liebt es, Schränke und vor allem den Kühlschrank zu öffnen. Die logische Konsequenz könnte also sein: WENN du den Kühlschrank offen lässt, DANN schmilzt das Eis und wir haben diese Woche keines mehr, bis ich wieder unseren Großeinkauf mache.

So eine logische Konsequenz macht jedenfalls mehr Sinn als ein Fernsehverbot.

Was aber, wenn das Kind wütend ist und schlägt und mit Dingen um sich wirft? Dann sollte man ihm die Möglichkeit geben, sich ohne Verletzungsgefahr für andere abzureagieren.

Wut zulassen und kanalisieren

Oft hilft es, einmal richtig laut zu schreien. Oder mit dem Fuß gegen ein Kissen zu treten. Ähnlich wie Erwachsene, wenn sie etwa vulgär beim Autofahren fluchen, können sich Kinder so Luft machen und innerliche Spannungen abbauen. Ein kindgerechtes Umfeld sollte also immer einen Ort für Wut bereithalten. Das kann ein Sitzsack sein, auf den man einhauen kann, oder ein Brüll-Winkel, in dem das Kind

einmal richtig laut schreien darf. Wichtig ist es, die Wut des Kindes anschließend zu thematisieren, seinen Gefühlen einen Namen zu geben und wirkliches Interesse zu zeigen, was in dem Kind vorgeht: »Ich möchte nicht, dass du deine Schwester schlägst, aber ich möchte wissen, was dich so wütend gemacht hat?«

Ich-Botschaften

Bei der Ich-Botschaft bekommt der andere eine Information darüber, was in mir vorgeht, nicht darüber, was er falsch gemacht hat. Ich drücke mein Gefühl direkt aus und unterstreiche meine Empfindungen durch Mimik und Gestik. Der andere empfängt eine eindeutige Botschaft.

Es gehören Mut und innere Sicherheit dazu, Ich-Botschaften zu senden und so in einer Beziehung meine inneren Empfindungen zu offenbaren. Doch wenn ich riskiere, mich auf eine offene, symmetrische Kommunikation einzulassen, entsteht eine echte zwischenmenschliche Beziehung.

Am besten ist es dabei, mit den Botschaften gleich Lösungen vorzuschlagen und logische Argumente zu verwenden oder Fakten zu liefern. Die Botschaften können verschiedene Intentionen haben:

- beratend: Lösungen anbieten
- lobend: zustimmen, positive Bewertungen geben

- beruhigend: mitfühlen, unterstützen
- sondierend: fragen, strukturieren

Die Trotzphase in der Literatur

Neben all den lebens- und praxisnahen Strategien, ist es hilfreich, einige wichtige Forschungsergebnisse aus der Psychologie zu kennen. Auch diese theoretischen Ergebnisse helfen Eltern dabei, ihr Kind besser zu verstehen, und unterstützen sie bei einer ihrer wichtigsten Missionen: Keep calm and carry on!

Hört es jemals auf? Ja!

»Die Trotzphase klingt aus, wenn ein in sich abgesichertes Selbstbewusstsein existiert, welches Urvertrauen in Selbstvertrauen gewandelt hat«, schreibt Kinderarzt Rüdiger Posth und sieht damit das

Gründe für das Trotzen

- Diskrepanz in der Entwicklung: Der Zorn der Kinder entsteht aus einer Ohnmacht des kleinen Menschen, etwas tun zu wollen, das er noch nicht kann.
- Entthronung des Säuglings: Die Kinder haben eine Allmachtphantasie, weil sie als Säugling gehegt und gepflegt wurden wie ein kleines Pflänzchen. Jetzt entwickeln sie ihren eigenen Willen und stoßen bei den Eltern an Grenzen.
- Fehlendes Zeitgefühl, fehlende Prioritäten: Kinder haben noch keinen zeitlichen Horizont. »Fünf Minuten« sind demnach kein gängiger Zeitbegriff, mit dem sie etwas anfangen können. Sie wollen ihren Teddy sofort.
- Fehlender Wortschatz: Erwachsene können schimpfen und fluchen, wenn ihnen etwas misslingt. Kinder nicht. Sie können auch nicht logisch abstrahieren – kurzum: Ihre verbale Ausdrucksfähigkeit ist noch relativ gering, deswegen bleibt nur der körperliche Ausdruck.
- Erstes Scheitern: Kinder haben in diesem Alter schon gewisse Vorstellungen von Dingen und Abläufen – wenn sie scheitern, sind sie traurig.
- Hirnreifung: Weil das kindliche Gehirn noch nicht ausgereift ist, spielt sich in den Ganglien ein Tsunami der Informationen ab. Kinder können mit der Frustration noch nicht so gut umgehen.
- Lernprozess: Der Trotz ist ein Lernprozess, der Kindern ermöglicht, Situationen einzuschätzen und mit Wutanfällen willensstark zu werden.

Ende der Trotzphase rund um das vierte Lebensjahr. Je gründlicher und effektiver es gelungen ist, das Selbstbewusstsein des Kindes aufzubauen, desto eher lassen die Trotzerscheinungen nach und weichen geistgesteuerten und damit kognitiven, kommunikativen Beziehungsmustern, also quasi Interaktionen. Das nennen wir dann erste Ansätze zur Vernunft. Diesen wirklich wunderbaren Augenblick im Verhalten des Kindes verkennen die meisten Eltern in seiner Relevanz, weil sie ihn für absolut überfällig halten.

Und wer nun nach genauen Zeitangaben für das Ende der Trotzphase sucht, wird an dieser Stelle leider enttäuscht: Denn so individuell sich Kinder entwickeln, so individuell lange dauert auch die Trotzphase. Spätestens mit dem Schulbeginn sollte sie aber zu Ende sein. Eine alte Faustregel sagt aber: Je heftiger das Trotzalter, desto entspannter ist die Pubertät. Zwar gibt es keine wissenschaftlichen Studien dazu, aber als entnervte Eltern glauben wir das jetzt einfach mal.

Zeichen einer gelungenen Trotzphase

Wenn die Trotzphase des Kindes gut verlaufen ist, hat es viele wichtige Dinge in dieser Zeit gelernt:

- Das Kind hat einen eigenen Willen entwickelt.
- Es hat gelernt, dass Konflikte Spannungen erzeugen, die aber auszuhalten sind.
- Das Kind weiß nun, dass Konflikte zum Leben dazugehören und dass seine Bezugspersonen sich deshalb nicht von ihm abwenden.
- Das Kind hat erfahren, dass es seine Gefühle zeigen darf.

Zusammengefasst kann man sagen: Wenn Kinder das alles gelernt haben, haben sie schon sehr gute Voraussetzungen für ihre weitere Identitätsentwicklung, Konfliktfähigkeit und Selbstständigkeit. Wie aber können wir Kinder in dieser Zeit unterstützen? Was brauchen diese Kinder? Und vor allem: Wie um Himmels willen überleben wir als Eltern die turbulente, stressige, nervenzehrende Trotzphase?

Zu Hause

Das eigene Heim bietet zahlreiche Situationen, die Trotzköpfe aus-
flippen lassen – und Eltern an den Rand des Wahnsinns treiben.

Im Hause Tropper begab sich Folgendes: Der Filius kommt aus dem Garten. Dreckig wie ein Automechaniker. Auch wenn unser Garten sehr überschaubar ist, findet der Junge Matsch und Schmutz. Er hat etwas von einem Magneten: Er zieht Schmutz richtiggehend an! Folglich ist klar, dass das gute Kind vor dem Schlafengehen gebadet werden muss.

Der Kleine ist natürlich von der Sinnhaftigkeit dieses Unterfangens nicht überzeugt. »NEIN!«, kreischt das beste Kind von allen. Und das, obwohl der Kleine sonst ausgedehnte Bäder liebt (solange man nicht seine Haare wäscht). Und während ich mit dem zweiten Kind kurz beschäftigt bin, zieht mein Schmutzfink seine Dreckspur quer durchs Haus. Er ist verdammt schnell. Während ich ihm nachlaufe, denke ich noch: »Memo an mich selbst: Künftig das ganze Haus mit abwischbarer Schwimmbadfarbe streichen ...«

Endlich habe ich also das Kind erwischt – meine Nerven sind leicht angespannt und ich versuche, die Sinnhaftigkeit eines Vollbades zu erklären: »Wenn du schmutzig ins Bett gehst, dann ist auch das Bett schmutzig. Wir müssen dann die Bettwäsche waschen.«

Das Kind ist völlig unbeeindruckt.

Und dann, dann durchzuckt mich ein Geistesblitz: »Wenn du schmutzig ins Bett gehst, wird auch Teddy schmutzig. Der muss dann in die Waschmaschine. Und bis er trocken ist, dauert das bis morgen.« BÄM! Das Argument sitzt. Und wirkt. Denn auf den heiß geliebten Teddy kann der Sprössling nicht so leicht verzichten und so lässt er sich schließlich

hier also einen klaren Interessenskonflikt zwischen Eltern und Kindern. Klar, dass Stunk vorprogrammiert ist. Immerhin erfolgen hier böse Angriffe auf die kindliche Selbstbestimmung. Es werden auf jeden Fall die Haare gewaschen oder der Pyjama angezogen. Das hat immer den faden Beigeschmack von Nötigung.

Beim Essen oder: Das Gabel-Esstisch-Teppich-Drama

Wer zwei Kleinkinder zu Hause hat, weiß: Gewisse Dinge fallen immer auf den Boden. Murphys Gesetz besagt: Das Brot landet verlässlich mit der Marmeladenseite auf dem Teppich. Außerdem kann man getrost davon ausgehen, dass gewisse Nahrungsmittel stets ausgespuckt werden – Zucchini etwa. Oder generell Lebensmittel, die im weitesten Sinne nach Gemüse aussehen, riechen oder sich anfühlen. Und Fakt ist auch: Der Mittagstisch ist nichts für Weicheier – auch nicht bei Dreijährigen.

Meine Kinder ernähren sich wie Studenten im siebten Semester: Streichwurst ist ganz angesagt, außerdem natürlich Schokolade, Nudeln und Pizza. Würden wir jetzt noch Kakao durch Bier ersetzen, dann hätten wir wahrlich ein Problem. Dabei gebe ich mir größte Mühe beim Kochen. Ich schnipple Karotten und Gurken wie Jamie Oliver, schäle Äpfel und

mit diesem kleinen, abgehalfterten Trick von der Wanne überzeugen.

Was ist das Problem zu Hause?

Ob Zähneputzen oder Haarewaschen: Zu Hause gibt es zahlreiche Situationen, die kleine Trotzköpfe zum Explodieren bringen. Schauen wir uns die Konfliktherde zu Hause genauer an, so haben sie eines gemeinsam: Mit oder besser »an« den Kindern wird etwas gemacht. Ob Anziehen, Nägel schneiden, zu Bett oder auf die Toilette gehen: Wir wollen etwas von den Kleinen, von dessen Sinnhaftigkeit sie selbst alles andere als überzeugt sind. »Wozu die Zähne putzen, wenn es doch eben noch so gut geschmeckt hat? Wozu schlafen gehen, wenn doch das Spiel gerade so spannend ist?« Wir haben

Birnen wie Mary Poppins und drapiere sie auf den Tellern liebevoll zu Figuren. Weißbrot gibt es sowieso kaum bei uns. Und trotzdem picken sich die Kinder nur das Ungesunde vom Teller: Sie lecken die Streichwurst vom Brot, löffeln die Backerbsen aus der Suppe, ohne das darin enthaltene Gemüse auch nur anzurühren. Als neulich Micky fein säuberlich jedes einzelne Stück Karotte aus der Pasta pickte und Mouse Zucchini angewidert auf den Tisch spuckte, war ich mit meinem Latein am Ende. Mittlerweile ist es nämlich so, dass die Kinder Fragen nach ihren Essenswünschen prinzipiell nur mit »Pizza« beantworten.

Was also tun? Ich schummle Tomaten und einzelne Salatblätter in die Sandwiches. Ich verfeinere Obst mit Frischkäse und Gurken mit Streichwurst. Außerdem verstecke ich geriebene Äpfel im Joghurt. »Das ist ein weißer Pudding!«, sage ich dann hinterlistig und feiere meine kleinen Teilerfolge. Denn die Kinder essen mittlerweile zumindest Joghurt.

Kritische Stimmen können jetzt sagen: »Die Geschmacksnerven der Kinder werden ja schon im Mutterleib geprägt. Da hast du dich wohl in der Schwangerschaft ausschließlich von Nutella und Mettwurst ernährt ...« Stimmt aber nicht! Ehrlich! Meine Schwangerschaftsgelüste galten nämlich Vollkornmüsli mit Orangensaft und Toffifee. Das ist zwar eine durchaus fragwürdige Kombination, die aber nicht unbedingt ungesund ist.

Und weil ich ja mit Zwillingen schwanger war, konnte ich ohnehin kaum etwas essen. Da war nämlich kein Platz mehr im Bauch, weil mein Magen irgendwo in eine Miniecke zwischen Zwerchfell und Milz gedrückt war.

Aber zurück zu unserem Essensdrama. Es liegt natürlich in der Natur der Sache, dass meine Kinder jenes ausgespuckte Essen irgendwo drapieren müssen. Ich bin ja schon froh, dass sie die abgelutschten Gemüsestücke nicht mehr zurück in Suppe und Sauce werfen – auch das hatten wir eine Zeit lang. Und als ich einmal nicht gleich die Teller weggeräumt hatte und Papa herzhaft die Reste essen wollte ... Ach, lassen wir das. Das ist eine andere Geschichte.

Immerhin ist der Teppich mittlerweile ziemlich aus dem Schneider. Ich bezeichnete ihn bis dato als »Schwarzes Loch«, in dem Essensreste einfach so verschwinden. Doch auch das haben wir mittlerweile im Griff. Neu allerdings ist: Die Kinder stecken die angeknabberten Nahrungsmittel derzeit gerne in Hosen- oder Brusttaschen. Das merke ich aber immer erst dann, wenn die Waschmaschine fertig geschleudert hat und ich die Überreste schön in der ganzen Wäsche verteilt wiederfinde.

Das Drama geht aber noch weiter, denn auch das Trinken will gelernt sein. Meine Kinder blubbern derzeit sehr gerne. Das ist anscheinend unglaublich witzig. Und unglaublich schmutzig. Aber hauptsäch-

⌃ Obst- und Gemüseverweigerer kann man mit ein paar Tricks zumindest zum Probieren hinführen.

lich witzig. Gerade wenn die Kinder Wasser trinken und vorher Joghurt gegessen haben, bekommt das Wasser dann so eine milchige Farbe die an einen Cocktail erinnert. Aber leider ist es keiner.

Warum?

Beim Essen gibt es einen Interessenskonflikt zwischen Eltern und Kindern: Während die Kleinen gerne mit den verschiedenen Lebensmitteln experimentieren und ihre Textur und Oberflächenstruktur untersuchen, wünschen sich Eltern vor allem gesittete Tischmanieren. Außerdem möchten Eltern natürlich, dass sich ihre Kinder gesund ernähren, dabei schmeckt Fastfood doch viel besser ... Viele sogenannte gesunde Lebensmittel werden von Kindern als »eher nicht lecker« eingestuft. Die Aufforderung, sie dennoch zu essen, widerspricht daher wesentlichen hedonistischen Motiven. Gleichzeitig prallen hier das Autonomiestreben der Kinder und der Steuerungsanspruch der Eltern aufeinander. Hinzu kommt natürlich auch die Vorbildfunktion: Sie können nicht von Ihrem Kind erwarten, dass es Rohkost isst, wenn Sie selbst vor den Pommes sitzen. Logisch, oder?

Kinder – und übrigens auch Erwachsene – haben intuitiv eine Vorliebe für Lebensmittel, die viele Kalorien enthalten. Das Gehirn belohnt uns dafür mit einem guten Gefühl, weil Kalorien in der Stammesgeschichte immer knapp waren und die Bevorzugung von möglichst kalorienreichen Speisen somit einen entscheidenden Überlebensvorteil darstellte. Betrachten Sie Ihr Kind also zukünftig mit einem gewissen Stolz, wenn Sie feststellen, dass es ein untrügliches und durchaus menschliches Gespür für die süßesten und fettigsten Nahrungsmittel hat. Übrigens: Sind grundsätzlich genügend Kalorien im Angebot, kann sich auch eine Vorliebe für weniger kalorienhaltige Speisen ausbilden.

Was also tun?

Nehmen Sie sich Zeit zum Essen und lassen Sie Ihre Kinder wählen, was es geben soll. Lassen Sie die Kinder das Obst und Gemüse wirklich erkunden: Wie sieht eine Rosine aus? Wie fühlt sie sich an? Wie riecht sie? Das Kind soll in dieser Phase noch gar nicht probieren, es soll sich in seinem eigenen Tempo herantasten, beobachten und beschreiben. Nun kommen wir zur zweiten Phase: Das Kind erkundet das Lebensmittel mit der Zunge im Mund, ohne es zu zerbeißen:

»Welche Oberfläche hat die Rosine? Spürst du auch den Speichel mehr werden?«
»Ja – ganz viel.«
»Wie fühlt sich die Rosine im Mund an?«
»Runzelig und trocken. Sie schmeckt nach nichts.«
»Und wenn du hineinbeißt?«
»Süüüüüüß«
»Noch nicht hinunterschlucken, was spürst du jetzt? Und wenn du die Rosine hinunterschluckt, wie lange kannst du sie

noch spüren, wie fühlt sich dein Mund jetzt an?«
»Ich will noch mehr Rosinen!«

Wenn Ihr Kind sich noch nicht artikulieren kann, dann lassen Sie es mit den Lebensmitteln spielen. Wenn Sie keine echten Lebensmittel verwenden möchten, weil es zu viel Sauerei gibt, dann nehmen Sie Spielzeug-Lebensmittel.

So gelingt der Kompromiss
- Zwang bringt beim Essen nichts. Bleiben Sie locker und entspannt.
- Essen Sie immer gemeinsam im Familienverband, seien Sie Vorbild und essen Sie selbst all das, was Sie Ihrem Kind servieren.
- Lassen Sie Ihr Kind beim Zubereiten der Speisen helfen.
- Ein Kleinkind muss ein Lebensmittel im Normalfall 100 Mal probieren, bevor es den neuen Geschmack akzeptiert und gut findet. Bieten Sie also Obst und Gemüse immer wieder ohne Zwang an.
- Ihr Kind liebt Schokolade? Dann machen Sie Schokofrüchte. Irgendwann werden die Kinder nicht nur die Schokolade runterlecken, sondern auch die süßen Früchte probieren.
- Verfeinern Sie Gurken mit Frischkäse oder Streichwurst.
- Verstecken Sie Gemüse in Saucen und Suppen.
- Machen Sie aromatisiertes Wasser: Zerdrücken Sie beispielsweise Him-

beeren in Wasser und lassen Sie das Wasser kurz stehen. Die Kinder werden den Geschmack probieren.
- Sie haben einen Garten? Perfekt! Sie haben bloß eine Fensterbank? Auch gut! Pflanzen Sie Tomaten und essen Sie dann gemeinsam.
- Wenn ihr Kind kein Obst oder Gemüse isst, bleiben Sie trotzdem gelassen. Spätestens im Kindergarten beim Mittagstisch wird es alles probieren …

Beim Zähneputzen oder: Der Raubtierdompteur

Dieses entzückende zahnlose Lächeln ist ein Segen. Doch wenn dann die ersten Zähnchen kommen, ist das gar nicht mehr so rührend, sondern eher nervig. Dann werden die Nächte unruhig und der Arbeitsplatz außerhalb des Hauses gewinnt plötzlich eine ungewöhnliche Attraktivität. Aber das Lächeln, so versichern selbst leidgeprüfte und noch so übermüdete Eltern mit dunklen Ringen unter den Augen (zu denen ich natürlich auch gehörte), zaubert auch kleinen Schreihälsen strahlende Herzlichkeit ins Gesicht. Mit jedem Zahn wird es süßer, aber es drängt sich auch mehr und mehr die grundlegende Frage in den Vordergrund: »Wann soll man mit dem Zähneputzen beginnen?« Die Antwort ist glasklar: sobald das erste Beißerchen draußen ist.

Aber Vorsicht: Jetzt geht das Theater erst richtig los! Der deutsche Bundesverband

Das machen die anderen

Silia, (32), Mama von Theo (2)
Täuschen und tarnen: Gemüse geht bei uns nur püriert in Suppen oder Saucen. Dazu gibt's ein paar Backerbsen oder Croutons. Und natürlich gehen alle Arten von Gemüsesaucen meistens ganz gut.

Jessi (21), Mama von Tim (1) und Levi (2)
Pädagogisch wertlos, aber effektiv: Ich spiele die Kinder gegeneinander aus und mache einen Gemüse-Wettbewerb. Wer von den beiden mehr Gemüse isst, bekommt einen Nachtisch.

Wiebke (30), Mama von Sophie (3)
Meine Tochter legt das Gemüse immer fein säuberlich vom Teller auf den Tisch. Ich ermunterte sie dann, mich mit dem Gemüse von ihrem Teller zu füttern. Das hat ihr Spaß gemacht und schließlich hat sie es dann auch selber ausprobiert.

Emma (24), Mama von Oliver (2) und Noemi (1)
Der Gruppenzwang im Kindergarten wirkt wahre Wunder. Angeblich isst mein Großer dort sogar Salat ...

Ella (34), Drillingsmama von Mia, Mona und Mimi (2)
Ich habe hier auch eine Obst- und Gemüseverweigerin. Wir haben uns jetzt auf Dörrobst und Gemüsechips einigen können, die isst das Kind sehr gerne. Man kann das eigentlich ganz gut selbst herstellen. Einfach Gemüse schneiden und mit wenig Salz und Olivenöl im Backofen bei 160 Grad goldbraun dörren. Die Gemüsechips sind dann etwa eine Woche haltbar.

Isabella (22), Mama von Theodor (2)
Wir haben bei Tisch eine feste Grundregel: Einmal muss man es probieren. Wenigstens ablecken. Wenn es dann nicht schmeckt, dann darf es stehen gelassen werden. Das war bei uns zu Hause auch schon immer so.

Kerstin (39), Mama von Fabian und Sebastian (5)
Zucchini grillen oder im Notfall panieren. Das Ganze dann mit einem Joghurt-Dip servieren und dann geht's schon.

Zaneta (39), Mama von Julia (2)
Wenn ich Zeit und Lust habe, drapiere ich das Obst zu Gesichtern. Wir essen dann erst die Kirschtomaten-Augen und tasten uns so vor. Ganz nach dem Motto: Das Auge isst man mit.

Katrin (31), Mama der Zwillinge Jonas und David (6)
Meine Jungs haben gaaanz lange gar kein Obst oder Gemüse gegessen, außer ich habe es gekocht und püriert. Sie haben erst mit vier Jahren nach und nach angefangen, auch mal ein Stück Wassermelone, Gurke oder Ähnliches frisch zu essen. Mittlerweile sind sie sechs Jahre alt und essen fast alles. Man kann das also auch aussitzen.

der Kinderzahnärzte rät dazu, ab dem ersten Zahn sanft mit der Pflege zu beginnen. Das klingt durchaus vernünftig, soll es doch das Kind daran gewöhnen, dass jemand mit riesigen Fingern oder mit einer Bürste im Mund des Kindes herumfährt. Allerdings scheitert das spätestens am Eigenwillen des Kindes in der Trotzphase. Denn dass der Nachwuchs nicht gerade erfreut reagiert, wenn man ihm ungefragt Sachen in den Mund steckt, die a) nicht aus Schokolade oder b) eine weibliche Brustwarze sind, wissen wir spätestens seit der letzten Erkältung, bei der wir probiert haben, dem todkranken Kind Hustensaft einzuflößen.

Schluss mit putzig

Das einstudierte Zahnputzlied wird nur noch mit Argwohn verfolgt und die kleinen Lippen bleiben rigoros verschlossen. Fest pressen sie sich aufeinander und nur mit Mühe kann man ein »Nein« verstehen. »If will nift Pfähne putfen!« Der vormals fröhliche kleine Putzzwerg sitzt ganz verzwickt auf dem Waschbecken und verweigert sich sogar den heiligen Ritualen. Das Nassmachen der Bürste, das gemeinsame Ausdrücken der Zahnpastatube und das Absingen des traditionellen Zahnputzliedes werden konsequent ignoriert. Dabei gibt es allerlei nette Gedichte und Lieder, die im Endeffekt nur dazu erfunden wurden, das Kind mit dem Unvermeidlichen vertraut zu machen.

Ich stimme fröhlich die Melodie von »Ein Männlein steht im Walde« an und singe:

»Ich putze meine Zähne von Rot nach Weiß und führe meine Bürste stets im Kreis. Morgens, wenn ich früh aufsteh', abends, bevor ins Bett ich geh', putze ich mir die Zähne, so blitzeblitzeweiß.«

Das Kind bekommt feuchte Augen und sagt: »Nein! Nicht im Kreis. Nicht weiß putzen. Hör auf zu SINGEN!« Der Trotz kämpft sich von ganz unten nach oben ins Gesicht vor, um der Welt, also in dem Fall mir, zu verkünden, dass alle bisherigen Abmachungen zum Thema Zahnpflege hinfällig sind. Und ich beschließe: Das hat heute wenig Sinn. Putzen wir die Zähne einfach morgen in der Früh sehr gründlich...

Warum?

Hat ein anderer Mensch schon mal in Ihrer Nase gebohrt? Eben! Das ist abartig. Aber ebenso befremdlich ist es für kleine Kinder, wenn ihnen jemand im Mund herumfummelt. Das ist 1) ein sehr privater Bereich, 2) geht das in der Autonomiephase sowieso mal gar nicht und 3) ist es unangenehm oder kitzelt.

Kinder in diesem Alter wollen selbst entscheiden, was wann in ihren Mund gelangt. Das Essen ist ihnen mittlerweile

⬧ Machen Sie ein Spiel aus dem täglichen Zähne putzen – oder verschieben Sie es notfalls auch einmal auf den nächsten Tag.

vertraut. Aber Sinn und Zweck des Zähneputzens erschließt sich ihnen einfach nicht. Warum? Und warum ausgerechnet dann, wenn man lieber spielen möchte oder schon so müde ist, dass man kaum die Augen offen halten kann, geschweige denn den Mund?

Auch von der Handhabung einer Zahnbürste sind viele Kleinkinder schlichtweg überfordert: kreisende oder schrubbende Bewegungen an einer Stelle, die sie nicht sehen können oder die sie nur spiegelverkehrt, nämlich im Spiegel, sehen. Ganz schön verrückt!

Was also tun?

Zweimal täglich Zähne putzen? Das ist natürlich ideal. Aber selbst Kinderärzte sagen: Das muss nicht sein. Viel wichtiger sei es, einmal täglich (vorzugsweise abends) richtig gründlich zu putzen, als zweimal täglich nur kurz. Macht Ihr Kind beim Zähneputzen mal großes Theater, können Sie seine Zähnchen als Ersatz einmal am Tag mit einem feuchten Baumwoll-Läppchen (z.B. einem sauberen Taschentuch oder Waschlappen) von beiden Seiten abreiben, damit sich kein Belag bildet.

Ihr Kind mag keine Zahnbürste? Nehmen Sie einen Fingerling, den Sie sich über den Zeigefinger stülpen. Die gibt's mittlerweile auch in lustigen Tierformen. Oder liegt es vielleicht am Geschmack

der Zahnpasta? Ihr Kind mag Monster? Kaufen Sie die grüne Monster-Zahnpasta. Das ist natürlich ein Werbe-Trick, aber er klappt! Versprochen. Wenn Sie keine Lust haben, Geld dafür auszugeben, dann bemalen Sie die Tube mit wasserfestem Lack und verzieren Sie sie nach Wunsch. Setzen Sie sich einen Zahnputz-Hut auf und putzen Sie die Zähne immer, wirklich immer vor dem Spiegel. Da können Sie lustige Gesichter schneiden und nehmen der ganzen Situation schon mal den Schrecken. Auch auf die Gefahr hin, dass Ihr Kind das Bad flutet und der Pyjama mit weißen Zahnpastaflecken übersät wird, sollten Sie es die Zähne ansatzweise selber putzen lassen. Gewisse Stellen wird Ihr Kind nicht erreichen, da müssen Sie ran. Vielleicht ist es ja eine Möglichkeit, dem Kind die Zahnbürste in der Badewanne in die Hand zu drücken? Dort kann nicht viel schmutzig werden. Das Kind kann vorab mit der Bürste spielen und sich dann im Idealfall selber die Zähne putzen.

So gelingt der Kompromiss
- Auch wenn das Kind noch keine Zähne hat: Geben Sie ihm eine Zahnbürste zum Spielen. Es gewöhnt sich an den Gegenstand und die Situation.
- Nachdem Sie die »Grundreinigung« übernommen haben, können Sie Ihrem Kind freie Hand lassen, um es in seiner Autonomiebestrebung zu unterstützen.

Das machen die anderen

Alexander (39), Papa von Sven (3) und Kai (4)

Wir putzen uns gegenseitig die Zähne – das finden die Juniors unglaublich witzig und wir haben keine Probleme mehr mit der Zahnpflege.

Claudia (32), Mama von Anna (5) und Emma (3)

Manche Eltern sehen die logische Konsequenz ja als eine Art Bestrafung. Aber ganz ehrlich? Beim Zähneputzen kenne ich da nichts. Es geht um die Gesundheit meines Kindes! Meine Standard-Phrase ist also: »Wer keine Zähne putzt, bekommt keine Süßigkeiten, weil sonst die Zähne kaputt gehen.« Ich thematisiere das auch nicht weiter lang und breit, aber immer wenn mein Kind nach Süßem fragt, hört es ganz bestimmt: »Ohne Zähneputzen macht der Zucker deine Zähne kaputt, darum gibt es leider heute nichts Süßes.« Ich bin da bei allen Gesundheitsthemen sehr kompromisslos. Es kann ja nicht sein, dass ein Kind ohne Schwimmhilfe ins Wasser planschen geht, oder?

Jenny (33), Mama von Rosa (2)

Unsere Kleine liebt Erdbeeren. Seit wir die Erdbeer-Zahnpasta haben ist endlich Ruhe!

Markus (41), Papa von Marie (3)

Wir putzen die Zähne immer vor dem Spiegel. Das hat einen großen Unterhaltungswert.

- Haben Sie ein Spielzeugkrokodil? Dann putzen sie ihm doch die Zähne, um dem Kind zu zeigen, wie das geht.
- Ab dem Kindergartenalter können Sie einen Wettbewerb beim Zähneputzen beginnen: Wer macht den meisten Schaum? Wer kann während des Putzens ein Lied summen? Wer kann am längsten putzen, ohne auszuspucken?
- Lassen Sie eine Handpuppe dem Kind die Zähne zu putzen.
- Wenn Sie die Nerven dafür haben, dann legen sie das »Zahnputz-Lied« auf (Vorsicht: Erhöht Blutdruck und Pulsfrequenz, da schlecht gereimt!).
- Kaufen Sie eine Zahnbürste oder einen Zahnputzbecher, der Ihrem Kind gefällt.

Haarewaschen oder: Zu Hause beim Struwwelpeter

Es gibt Menschen, die in Zookäfige steigen, um bei Tigern Zahnbehandlungen vorzunehmen. Es gibt Menschen, die entschärfen Bomben. Und dann gibt es noch mich. Was ich Lebensgefährliches mache? Ich wasche meinen Kindern die Haare – ohne Betäubung oder Schutzanzug. Und ohne Hochdruckreiniger.

Die Trotzphase bietet nicht nur nervliche Herausforderungen, sondern auch physisch fordernde Momente: Seit geraumer Zeit verweigert Junior beharrlich die Haarwäsche. Er planscht im Kinderpool, er bespritzt seinen Bruder, spuckt Wasser wie eine Brunnenfigur und wäre am liebsten den ganzen Sommertag auf irgendwelchen Flutsch- und Rutschbahnen unterwegs. Er badet auch gerne. Sobald das Wasser in der Wanne zu plätschern beginnt, hüpft er aufgeregt von einem Fuß auf den anderen und jauchzt dabei: »Ich will in die Wanne!« Freudig springt er in den wenigen Zentimetern Wasser auf und ab und wartet auch geduldig, bis ein ausreichender Wasserstand erreicht ist. Dort spielt er dann friedlich mit seinem Piratenschiff. Am liebsten stundenlang.

Seit einiger Zeit wird aber jeder Versuch, die Haare zu waschen, im Keim erstickt. Zuerst mit einem bestimmenden »Nein«, gefolgt von einer eindeutigen, wegstoßenden Handbewegung. Das alleine wird aber den Sand vom Spielen nicht aus den Haaren entfernen, ebenso wenig wie Matsch und Grasreste. Hier ist nun gehobene elterliche Diplomatie gefordert – schließlich wollen die Eltern etwas vom Kind, das dieses unter den momentanen Umständen nicht bereit ist zu erdul-

den. Ähnlich einem Waffeninspektor der UNO auf Inspektionsreise in einer straff geführten Diktatur muss man sich vorsichtig an das Thema herantasten, um möglichst wenig Schaden anzurichten.

- Ich versuche es mit Charme: »Aber Liebling, du willst doch auch wieder schöne Haare haben, oder?« Junior blickt mich ungläubig an und schüttelt den Kopf.
- Also versuche ich es mit List: »Schau, da oben! Da fliegt eine Piratenhexe!« Verstärktes Kopfschütteln ist die Folge, aber kein Blick nach oben, der es mir erlauben würde, den Kopf zu wässern.
- Mit Logik: »Aber du wirst ganz furchtbar stinken, dann kann es passieren, dass im Kindergarten die Kinder sagen, dass du stinkst!« Das Kopfschütteln endet abrupt und Junior quietscht freudig: »Stinken ist cool!!«
- Dann also mit Liebe: »Schatzilein, lass mich doch mal an die Haare ran. Du kriegst auch ein ganz dickes Bussi!«
- Mit Bestechung: »Du bekommst Schokolade!«
- Und schließlich mit Drohungen: »Du kriegst gleich Hausarrest für die nächsten 15 Jahre, wenn du dich weiter so wehrst!«

Und wie reagiert das trotzige Kind? Es bleibt dem einen Kernargument, dem Nukleus der Debatte, treuer als ein Politiker in einer Diskussionsrunde: »NEIN, ich will aber nicht!« Gefolgt vom stakkatoartig vorgetragenen Hauptargument »NEEEEIIIINNN!«, untermauert von Strampeln, Tritten und manchmal sogar Schlagen auf die elterlichen Hände, die noch hilfsbereit und liebevoll, aber bald willig zu würgen sind.

Wäre ich der eingangs erwähnte Tigerzahnarzt, würde ich jetzt den Assistenten mit dem Betäubungsgewehr holen und den kleinen Schreihals ausknipsen wie ein Nachtlicht. Der Bombenentschärfer würde den roten Draht durchschneiden und das Kind immer leiser seinen Protest äußern: »NEEEIIINNN, NEIN, Nein, nein, neee.....in«

Leider funktioniert das nur in Filmen und nicht im Badezimmer. Junior verweigert sich weiter beharrlich der elterlichen Haarwäsche. Es bleibt also nur, sich die Situation mal aus der Sicht des Kindes vorzustellen. Hätte ich es denn gerne, dass ein Riese mir den Kopf wäscht, wenn ich doch gerade so schön schmutzig bin? Warum tut der Riese mir das überhaupt an? Warum immer ich? IMMER?

Was also tun? Ich begebe mich auf die Ebene des Kindes und setze mich ebenfalls in die Badewanne, nicht ohne mich vorher zu entkleiden. Junior reagiert zuerst verwundert und dann begeistert. Die überschäumende Begeisterung muss ich allerdings ein wenig bremsen, da sich mittlerweile mehr Wasser außerhalb der Wanne befindet als darin.

Jetzt sitzen wir uns gegenüber – Auge in Auge. Im Kopf des Kindes rattern die Gedanken. Was will der elterliche Riese? Das Kind ist sichtlich kritisch. Und ich blicke meinem Kind in die Augen wie der Tigerzahnarzt, wenn die Narkose nachlässt. Langsam suchend tasten sich meine Finger durch den Badeschaum. Unter einem Schaumberg, der entfernt wie eine Zipfelmütze aussieht, erfühle ich endlich die Kindergießkanne. Ich lasse sie blubbernd mit Wasser volllaufen. Junior beobachtet mich und atmet immer tiefer und tiefer ein, um im Notfall ein Veto auszustoßen, das bis zum Internationalen Gerichtshof in Den Haag hörbar wäre. Bedächtig hebe ich die volle Gießkanne auf Augenhöhe und sehe in Juniors Augen Flammen züngeln und die Zunge Richtung Gaumen fliegen, um das »N« von »Nein« zu formen. Ich lächle kurz – und schütte mir die Kanne selbst über den Kopf.

Der Junior zwinkert mich verdutzt an und fängt lauthals zu lachen an. Er hüpft aufgeregt und verlangt die Gießkanne, um sie mir auch über den Kopf leeren zu können. Gemeinsam füllen wir und schütten. Im Akkord schwappt Junior mir das Badewasser über den Kopf, die Schultern und den Rücken wie in einem japanischen Badehaus. Und er ist zufrieden und glücklich! Die Mama ist nass! Und es gefällt ihm! Im Kleinkindhirn beginnt es zu rattern und ich kann seine Gedanken beinahe von seiner leider immer noch dreckigen Stirn ablesen: »Wenn Mama es gern hat, Wasser über den Kopf zu bekommen, vielleicht gefällt es mir auch?«

Und Junior, bis vor kurzem vom besten Ehemann von allen noch als »Badezimmer-Loch-Ness-Monster« bezeichnet, als der »Ein-Meter-Wahnsinn« oder auch einfach nur »Trotzki«, hält mir seine geöffnete Patschehand entgegen, um sich ebenfalls den Kopf einzuschäumen. Und so sitzen wir beide in der Wanne, schäumen uns mit etwas ein, das entfernt wie ein Chemieunfall bei einem Süßwarenhersteller riecht, und freuen uns. Beide.

Warum?

Seife und Shampoo kommen leicht in die Augen und beides gibt dem eigentlich entspannenden Bad einen schmerzhaften Beigeschmack. Völlig verständlich also, dass manche Kinder nicht ihre Haare waschen möchten, sie haben negative Erfahrungen gemacht. Außerdem kann das Wasser in die Ohren gelangen – auch das ist nicht gerade angenehm, und es zieht

vielleicht. Viele Kinder möchten einfach nur das tun, was sie am liebsten tun – in Ruhe und selbstversunken spielen, in ihrer eigenen Welt. Daher ist Körperhygiene fehl am Platz, wenn es darum geht, der Badewannenkapitän zu sein.

Das Baden bzw. Haarewaschen läutet häufig gleichzeitig das Zubettgeh-Ritual ein. Und Schlafen ist bekanntlich in den Augen der Kinder nicht gerade cool. Klar also, dass die Körperpflege bei Kindern oft nicht en vogue ist.

Was also tun?

Es hilft, das Waschen der Haare zu einer »Wir-Aufgabe« zu machen statt zu einer elterlichen Attacke. Formulieren Sie auch dementsprechend: »Wir gehen jetzt baden!« um, falls das Kind zögert, gleich zu sagen: »Soll Mama oder Papa mit dir in die Wanne gehen?« Durch das Anbieten einer positiven Alternative kann das Kind eine Sache ablehnen und der anderen zustimmen. Dadurch erlangt es eine

Das machen die anderen

Alex (35), Mama von Maximilian und Konrad (beide 3)
Wir haben Malfarben. Die gibt's in allen Farben und man kann sie problemlos wieder von Körper und Haaren entfernen. Trotzdem spielen

wir immer »Haare färben«, denn wenn der Kopf plötzlich türkis ist, finden die Kinder das unglaublich witzig. Wir haben immer einen Badezimmerspiegel zur Hand – die Kinder lieben das.

Isabella (48), Mama von Nora (2) und Lena (3)

Haarewaschen liegt bei uns auch nicht im Trend, Blumengießen hingegen sehr. Darum haben wir jetzt die Gießkanne mit in die Badewanne genommen und waschen die Haare spielerisch mit dem Wasser aus der Gießkanne.

Eileen (29), Mama von Lisa (2)

Wir haben eine Art Kappe aus Schaumgummi zum Duschen, damit kein Wasser ins Gesicht läuft. Die gibt's unglaublich günstig und ich dachte mir: Selbst wenn es hinausgeworfenes Geld sein sollte, war es nicht viel. Meine Kleine ist mitten in der Trotzphase, aber seit wir den »Duschhut« haben, klappt das Haarewaschen wunderbar und es macht uns großen Spaß.

Conny (36), Mama von Jan (2)

Wir duschen meistens zusammen und dann darf mir mein Sohn die Haare waschen. Anschließend bin ich dran. Seit ein paar Wochen geht's jetzt auch ohne meine Haare und ohne sein Gezicke.

Anna (27), Mama von Ilvy (3)

Ich schwöre auf Trockenshampoo: Nur mit einem Waschlappen die Haare abrubbeln hat bei uns stets gut funktioniert.

Nicolle (31), Mama von Paul (4)

Wir sind damals einfach in die Schwimmhalle gegangen. Da muss man sich ja vorher duschen und die Haare waschen, sonst darf man nicht ins Wasser. Seither klappt es wunderbar.

Mirja (30), Mama von Pauline und Sofia (3)

Meine Mädels stehen total auf Prinzessinnen, darum haben wir ein Prinzessinnen-Shampoo. Ist natürlich ein Werbetrick, klappt aber trotzdem gut. Vielleicht gibt's ja für Jungs ein Piraten-Shampoo. Und wem der Spaß langfristig gesehen zu teuer ist, der kann auch normales Shampoo in eine Prinzessinnen-, Einhorn- oder Piraten-Flasche füllen.

Heidi (34), Mama von Christina (3)

Wir legen beim Haarewaschen immer einen Waschlappen über die Augen, damit kein Schaum ins Auge kommt. Hauptsächlich geht es ja darum, dass den Kindern das Shampoo unangenehm ist. Das klappt gut.

Claudia (38), Mama von Thomas (4)

Unser Kleiner legt sich in die sehr niedrig mit Wasser eingelassene Badewanne. Da macht er die Haare von selber nass und das ist o.k. für ihn.

gewisse Form der Autonomie in seinen Entscheidungen und kann gestaltend und verändernd in Abläufe eingreifen. Es kann seine Autonomie behaupten.

Man kann das Haarewaschen auch spielerisch angehen, etwa das Wasser aus einer Gießkanne über den Kopf fließen lassen. Auch ist es sinnvoll, das Wasser mit dem Brausekopf erst über den Rücken laufen zu lassen und sich dann schrittweise nach oben zu tasten. Am ersten Tag kommt man vielleicht bis zur Mitte des Rückens, beim nächsten Bad eventuell schon bis zu den Schultern und anschließend vielleicht sogar bis in den Nacken. Die schrittweise Annäherung vermeidet Brüllkonzerte und Bade-Traumata.

So gelingt der Kompromiss

- Verwenden Sie ausschließlich mildes Shampoo extra für Kinder, das nicht in den Augen brennt. Vielleicht hat Ihr Kind einen fruchtigen Lieblingsduft oder auf dem Etikett sind Barbie oder Spiderman abgedruckt – das kann durchaus hilfreich sein!
- Lassen Sie beim Haarewaschen das Wasser immer nach hinten ablaufen. So wird vermieden, dass Wasser über das Gesicht läuft.
- Geben Sie Ihrem Kind in der Badewanne einen Waschlappen, den es sich über die Augen halten kann.
- Wenn Ihr Kind schon tauchen und die Luft anhalten kann, kann es lustig sein,

wenn es in der Wanne eine Taucherbrille aufsetzt und abtaucht, um den Schaum aus den Haaren zu waschen.
- Lassen Sie Ihr Kind selber machen! Wenn der Nachwuchs sich selber die Haare shampoonieren und ausspülen darf, gibt es weniger Stress.
- Waschen Sie Ihrem Kind die Haare so selten wie möglich, jedoch so oft wie nötig. Einmal pro Woche ist in der Regel ausreichend.
- Wenn gar nichts hilft, dann verwenden Sie Trockenshampoo.

Nägelschneiden oder: Der Junge mit den Scherenhänden

Kinder wachsen andauernd und in alle Richtungen. Genauso wachsen bei ihnen natürlich auch die Haare und die Finger- und Fußnägel. Letztere kann man im Gegensatz zur Frisur nicht an Profis outsourcen, sondern muss selber ran. Haben Sie schon mal beobachten können, wie ein Pferd beschlagen wird? So ähnlich macht man es bei Kindern – nur umgekehrt.

Ein Piksen an meinem Unterarm lässt mich von meinem Buch aufblicken. Haben wir Moskitos im Haus? Pferdebremsen? Stacheltiere, die sich verlaufen haben? Nein, Junior gräbt mir mit großen Augen und treuherzigem Blick seine kleinen spitzen Fingernägel ins Fleisch, dass einem die Tränen kommen. Diese kleinen süßen Kinderfinger, die man ja so niedlich findet, entwickeln sich mit fortschreitendem Wachstum der Kinder und somit auch der Fingernägel zu Ninja-Todeskrallen. Hier zeigt sich die Verwandtschaft zwischen Mensch und Tier – wer also glaubt, Menschenkinder hätten im Gegensatz zu Tierkindern keine Abwehrmechanismen, der wurde noch nie von Fingernägeln eines Kleinkindes geritzt.

In einem Motivationsschub schnappe ich mir den Jungen mit den Scherenhänden und nehme ihm sanft am Arm mit ins Badezimmer. Das ist aus zweierlei Sicht problematisch: Hier haben die lieben Kleinen die ersten großen Niederlagen ihres selbständigen Daseins hinnehmen müssen. Nachdem stundenlang und ausgiebig Sandburgen und Wassergräben angelegt wurden, animierte ich sie dort sich zu waschen und all den gesunden Dreck vom Körper zu schrubben. Wie unmenschlich! Manchmal schauen mich meine Kinder nach dem Waschen an, als wäre ich ein Diktator mit abartigen Gelüsten.

Natürlich will ich nicht strafen, sondern durch vorbildhaftes Verhalten meinem Kind die Sinnhaftigkeit meines Tuns näherbringen. Ich setzte meinen Nachwuchs daher auf das Badezimmerschränkchen und zeige ihm die Nagelschere und den Knipser. Ein Brüllkonzert ist die Antwort, verzweifeltes Klammern an meinen Oberkörper inklusive. Ein Fol-

terknecht im Mittelalter wird kaum verzweifeltere Reaktionen bei seinen Opfern ausgelöst haben. Ich spüre, wie sich die kleinen Nägel immer tiefer in meine Haut bohren. Im Geiste gehe ich die Krankenhäuser durch, die eine Notfallambulanz haben, um dort die drohende Blutvergiftung nach einer Attacke schmutziger Kleinkindfingernägel behandeln zu lassen. Also entreiße ich das Kind meiner Haut und merke wie mein T-Shirt reißt. Na gut, Elternsein fordert eben Opfer.

Meine ausgestreckten Finger beenden das Schreien relativ schnell. Junior starrt die Finger an und plappert fröhlich: »Mama! Du bist aber selber schmuuuutzig!«, gefolgt von glucksendem Gelächter. Stimmt leider. Schuldbewusst blicke ich auf meine eigenen Fingernägel, die zugegebenermaßen eine Maniküre vertragen könnten, weil ich im Garten gearbeitet habe. Nun gut: Jetzt ist es an der Zeit, Vorbild zu sein! Ich nehme mir unter Sohnemanns kritischen Blicken eine Nagelfeile und stutze und feile, poliere und schleife. Junior beäugt die Geschehnisse ausgesprochen kritisch und ein wenig ungläubig – fast wie ein OSZE-Wahlbeobachter in Weißrussland. Selbstsicher lächle ich ihm zu: Ja, mein Kind, schau nur zu, denn so einfach und ungefährlich ist die Nagelpflege!

Das Kind schaut zu. Als ich jedoch seine Fingerchen in die Hand nehmen will, beginnt ein Schreianfall, wie ihn Alfred Hitchcock nicht schöner hätte inszenieren können. Panik macht sich in dem kleinen Körper und in Folge auch im Badezimmer breit. Schreiend, tretend und panisch um sich schlagend macht das Kind dabei Karatekämpfern mit schwarzem Gürtel alle Ehre. Innerhalb von Sekunden verwüstet er das Badezimmer und hinterlässt eine Spur der Zerstörung wie eine Rockband auf Tournee in den Hotelzimmern dieser Welt.

Irgendwann aber versiegt das Weinen wie ein Springbrunnen, dem man den Haupthahn abdreht. Ich bin gerührt! Innerhalb von Sekunden wird aus dem Karate Kid der barmherzige Samariter. Nun stellt sich immer noch das Problem der ungeschnittenen kleinen Krallen. In Gedanken spiele ich immer noch verschiedene Szenarien durch. Wie kann ich trotz allem die Fingernägel ohne Fremd- und Selbstgefährdung schneiden und ohne das Badezimmer in ein Trümmerfeld zu verwandeln? Soll ich den Kleinen in den Schraubstock spannen und mit dem Winkelschleifer bearbeiten? Wo habe ich eigentlich das Schleifpapier hingeräumt? Vielleicht gibt es in der Apotheke auch etwas zum Betäuben von Kleinkindern …

Warum?

Messer, Gabel, Schere, Licht – sind für kleine Kinder nicht. Das predigen wir doch alle, oder? Klar, dass die Kleinen vor der Schere einen gewissen Respekt ha-

ben. Den haben sie durch uns gelernt und jetzt soll der plötzlich verschwinden? So eine Schere ist auch wirklich etwas Bedrohliches: scharf, spitz und kalt. Außerdem gehört natürlich eine entspannte Atmosphäre und Vertrauen dazu, wenn man jemandem seine Fingernägel schneiden lässt.

Was also tun?

Es gibt nun mal Dinge im Leben, die sein müssen. Punktum! Dazu gehört auch das Kürzen der Nägel, sollten Sie nicht einen kleinen Struwwelpeter zu Hause haben wollen. Aber wie stellen Sie es am besten an, damit Sie als Mutter ohne Geschrei und Gegenwehr zur Nagelschere greifen können? Autonomie hin oder her: Einem kleinen Kind eine spitze Schere in die Hand zu drücken, um es in seiner Selbsterfahrung zu unterstützen, ist nicht unbedingt der Weisheit letzter Schluss. Möglich ist es allerdings, einen Nagelknipser zu verwenden – das Kind kann dann selbst den Zwicker drücken und hat so ein Erfolgserlebnis. Mit einer Baby-Nagelschere, die vorne abgerundet ist, kann man die Kinder selber probieren lassen die Fingernägel zu schneiden. Oft genügt es, das Kind mehrere Male bei der Nagelpflege der Eltern zuschauen zu lassen. Fakt ist: Ob die Nägel heute oder morgen geschnitten werden, ist nicht von gravierender Bedeutung. Im Endeffekt reicht es, wenn sie im Laufe der Woche gestutzt werden. Planänderung also.

Das machen die anderen

Fabienne (34), Mama von Coralie (8), Valerie (6) und Frederic (2)

Irgendwann war mir das ganze Gezeter zu blöd und ich habe den Kindern nur noch dann die Nägel geschnitten, wenn sie geschlafen haben.

Tanja (33), Mama von Clara (3) und Esther (1)

Meine Mädels bekommen immer nach dem Nagelschneiden einen Nagellack auf die Fingernägel. Die Farbe können sie sich aussuchen. Seither lieben sie es.

Julia (32), Mama von Marlene(1,5) und Paulina (3,5)

Meistens schneide ich die Nägel im Schlaf. Aber neuerdings wohnt bei uns das Nagelschneide-Monster. Die Kinder dürfen mir eine Strumpfhose als Mütze auf den Kopf stülpen – das finden sie zum Totlachen. Und erst dann werden die Nägel geschnitten. Ein Kompromiss, mit dem ich leben kann, auch wenn ich mich zum Affen mache. Bei der Großen hat das toll geholfen, bei der Kleinen muss ich mir jetzt was anderes überlegen.

Mimi (38), Mama von Levi (3)

Ich habe recht früh begonnen, mir meinen kleinen Sohn auf den Schoß zu setzen. Er kann schon immer dabei zuschauen, wie ich seine Nägel schneide und somit hat er keine Angst dabei, denn er sieht ja aus der gleichen Position zu wie ich. Wie schneidest du die Nägel? Sieh mal genau hin!

Susann (24), Mama von Emma (2)

Bei uns ist das Nägelschneiden mittlerweile so ein Reizthema, dass ich es ausgelagert habe. Das macht bei uns immer Oma – dort klappt es wunderbar und ohne Gebrüll.

Magdalena (31), Mama von Theo (2)

Fingernägelschneiden geht nur vor dem Fernseher. Ich weiß, ein pädagogisches Hau-Drauf, für den Familienfrieden aber sehr wertvoll.

Kerstin (39), Mama der Zwillinge Fabian und Sebastian (5)

Es gibt ja ganze Bücher voll mit Fingerspielen – die machen wir beim Nägelschneiden. Klappt ganz gut und nimmt die Angst. Auch Singen funktioniert meistens einwandfrei.

So gelingt der Kompromiss

- Nähern Sie sich dem Thema Nägel-schneiden spielerisch an. Egal ob mit Fingerreimen oder einem Buch zum Thema – das funktioniert.
- Nehmen Sie Ihr Kind auf den Schoß, damit haben Sie die gleiche Perspektive. Schneiden Sie erst Ihre eigenen Fingernägel, dann die des Kindes. Kinder, die den Ablauf kennen, werden keine Angst davor haben. Es ist also gut, wenn die Kinder bereits bei den Eltern zugesehen haben.
- Singen Sie ein Lied und machen Sie das Nägelschneiden zu einem Ritual.
- Schneiden Sie die Nägel mit einem Knipser und nicht mit einer Schere.
- Schneiden Sie die Nägel immer nach dem Baden, wenn sie weicher sind.
- Schneiden Sie die Nägel im Schlaf oder lagern Sie die Tätigkeit aus.

Klogehen oder: Ich muss aber gar nicht!

Das beste Kind von allen ist fast vier Jahre alt und wir haben ein Sauber-keitsproblem. Also er nicht. Aber ich. Zwar erledigt er das große Geschäft in den Topf, und kündigt auch die kleinen Erledigungen an. Sobald allerdings das Wort »Klo« oder »Toilette« fällt, geht ein hysterischer Schreianfall los. Er will kein Klo benutzen. Auf keinen Fall. Nie und nimmer. Da pullert er lieber in die Hose.

Aber: Die kluge Mutter lernt. Und weil das mit dem Töpfchen gut klappt, habe ich mittlerweile ein Ersatz-Töpfchen im Auto, falls wir irgendwo zu Besuch sind und sich kleine oder größere Geschäfte ankündigen. Dann hechte ich zum Kofferraum und hole unsere Ersatz-Toilette raus. Das klappt wunderbar.

Nur neulich gab es eine eigenartige Szene. Und zwar, als wir im Senioren-heim bei der Urgroßmutter waren und ich – unachtsamerweise – das Töpfchen nicht mithatte, weil wir mit öffentlichen Verkehrsmitteln unterwegs waren. Als mein Sohn sein großes Geschäft ankündigte und sich vehement gegen die Toilette wehrte, setzte ich ihn einfach auf einen großen (leeren) Papierkorb, den ich zuvor mit einem neuen Müllsack und Zeitungspapier ausgelegt hatte. Was soll ich sagen? Not macht erfinderisch ... Und die Notdurft noch erfinderischer ... Das Kind pullerte glückselig in den Mülleimer. Und ich war erleichtert.

Warum das beste Kind von allen solch eine Aversion gegen die Toilette hat, weiß ich nicht, immerhin kommt er höchst interessiert nachgucken, was Mama denn da so auf dem Thron für Erledigungen macht. Sein Töpfchen darf er selbst ausleeren und die Klospülung drücken. Doch setze ich ihn auf die Klobrille, flippt er total aus. Sitzverkleinerung, Hocker, Treppe und noch einige weitere Tricks brachten auch keinen Erfolg.

Als ich den Nachwuchs jüngst im Kindergarten abholte, kam er gerade quietschfidel von der Toilette und erzählte strahlend: »Ich habe gerade Gacki gemacht.« Erstaunt erkundigte ich mich bei der Kindergärtnerin, wie sie das geschafft habe. Die Antwort: »Er hatte zwei grundlegende Fragen: Kann ich da hineinfallen? Und: Spritzt das?«

Hineinfallen hatte ich natürlich bedacht und vorsorglich eine Sitzverkleinerung angeschafft. Doch über Spritzer hatte ich mir keine Gedanken gemacht. Und das Kind hatte zu Hause nie davon gesprochen. Bei unseren Hänge-Klos und dem durchaus anderen Winkel, in dem die Kinder aufgrund ihrer Körpergröße hineinpullern, ergibt sich dabei wirklich ein Spritzproblem.

Warum?

Das Erreichen der willkürlichen Blasenkontrolle beruht auf endogenen biologischen Reifungsvorgängen, die – in einem gewissen Rahmen – durch begleitende Erziehungsmaßnahmen im Ablauf beeinflussbar sind. Kinder werden rein, wenn sie bereit dafür sind, denn es handelt sich dabei um einen Entwicklungs- und Reifungsprozess. Zwingen Sie also Ihr Kind niemals, aufs Klo oder aufs Töpfchen zu gehen – es macht einfach keinen Sinn und bringt keinen Mehrwert, für keinen der Beteiligten. Die Tatsache, dass die Entwicklung der Blasen- und Darmkontrolle an ihrem Startpunkt ein Reifungsprozess

ist, heißt nicht, dass die Bezugspersonen des Kindes nichts zum Prozess des Sauberwerdens beitragen können, indem Angebote geschaffen werden. Ein Kind, das nur die Windel kennt, kommt wahrscheinlich gar nicht auf die Idee, dass es auch andere Möglichkeiten wie Töpfchen und Toilette gibt. Kinder sind neugierig und lernen durch Nachahmen. Beachten Sie auch, dass durch das selbständige »Aufs-Klo-Gehen« das Wickeln wegfällt, und so fallen auch Kitzelspiele und intensive Eltern-Kind-Momente weg, die das Kind eventuell vermisst und durch absichtliches Einnässen einfordert.

Was also tun?

Wie so oft: auf die Signale des Kindes achten. Ist es schon bereit für Toilette oder Töpfchen? Schaffen Sie eine angenehme Atmosphäre und nehmen Sie das Kind im Idealfall mit, wenn Sie selbst zur Toilette gehen. Es soll sehen, dass es etwas Normales und Alltägliches ist. Nehmen Sie Ängste und Sorgen Ihres Kindes ernst (»Kann ich da reinfallen?«). Schaffen Sie zweisame Ersatz-Kuschelmomente, die durch das Wickeln wegfallen. Loben Sie, schimpfen Sie nie und üben Sie keinen Zwang aus!

So gelingt der Kompromiss
• Easy-Up-Windeln, die die Kinder selber an- und ausziehen können, schenken den Kleinen Autonomie, die sie in dieser Phase dringend brauchen.

Das machen die anderen

Carina (37), Mama von Clemens (4)
Irgendwie vermisse ich das Wickeln fast. Es war ein sehr zweisamer Moment mit Clemens. Wir haben am Wickeltisch gescherzt. Ich habe sein Bäuchlein gestreichelt oder gekitzelt und es war eigentlich immer sehr lustig für uns beide. Ich glaube, es ist wichtig, dass man diese Momente dann eben woanders sucht und in den Alltag einbaut.

Jasmin (33) Mama von Hannah (6) und Emilio (3)
Meine Kinder bekommen eigentlich so gut wie nie das Handy oder das Tablet in die Hand. Auf dem Klo aber schon – das ist dann immer ein kleines Highlight.

Sabine (34), Mama von Juna (3)
Unsere Tochter konnte sehr wohl ihren Stuhlgang kontrollieren, wollte es aber nicht. Es war eine Trotzreaktion. Sie weigerte sich immer vehement und forderte die Windel ein, obwohl sie diese nicht mehr brauchte. Einen Machtkampf zu beginnen ist natürlich sinnlos. Irgendwann habe ich eine kleinere Windelgröße gekauft, sodass die Windel ein wenig kniff. Ich habe ihr erklärt, dass sie schon so groß geworden sei, dass die Windeln wohl bald nicht mehr passen würden. Plötzlich wollte sie keine Windel mehr – aus eigener Entscheidung.

Julia (37) Mama von Konstantin (4)
Unser Sohn mochte es nicht, wenn seine Windel nass war. Er sagte sofort: »IIIHHHH! Ich brauche eine neue Windel!« Ich habe darauf natürlich reagiert, aber eben nicht sofort, sondern zum Beispiel erst noch den Geschirrspüler fertig eingeräumt. Irgendwann war es ihm wohl zu dumm und er kündigte seine Geschäfte vorher an.

Simone (41) Mama von Peter (5)
Als Peter 3 Jahre war, waren wir im Campingurlaub. Auf der langen Hinfahrt trug er noch die Windel, als wir angekommen waren, sind wir sofort auf Unterhose umgestiegen (nur nachts gab es zur Sicherheit noch eine Schlafwindel). Es hat sofort geklappt. Erst hat er mit Begeisterung in das mitgebrachte Töpfchen gepieselt und gekackert, dann ist er stolz auf das Kinderklo des Campingplatzes gegangen.

- Kaufen Sie eine Sitzverkleinerung. Ihr Kind hat dann nicht das Gefühl, in die Toilette zu fallen.
- Es hilft, wenn die Kinder ihre Füße auf einem Hocker vor der Toilette abstellen können. So können sie beim Stuhlgang besser pressen. Und fühlen sich sicherer, weil sie nicht in die Schüssel fallen können.
- Sorgen Sie für eine angenehme Atmosphäre: Im Raum sollte es nicht zu kalt sein. Vielleicht helfen auch Bücher oder Musik.
- Da die Babypflege wegfällt und mit ihr ein inniger Mutter-Kind-Fixpunkt mit Hautkontakt, Kitzelspielen und Blödeleien, bieten Sie dem Kind andere Momente an.
- Reißen Sie das Kind nicht aus dem Spiel heraus, um es auf Topf oder Klo zu setzen.

Aufstehen, anziehen oder: Sandalen im Schneesturm

Als liebende Mutter ist man besser organisiert als die Einsatztruppe in einem Krisengebiet. Man erkennt Unruheherde, bevor sie entstehen, und versucht, bei jeder Auseinandersetzung die stoische Gelassenheit eines Zen-Buddhisten an den Tag zu legen. Da Planung bekanntlich alles ist, haben wir auch das Anziehen getaktet.

Daher gehört es zu unserem festen Zubett-geh-Ritual, dass wir uns vor dem Schlafengehen gemeinsam den Wetterbericht ansehen. Die Zwillinge sind mittlerweile so konditioniert, dass sie die Wettervorschau mit dem Satz beenden: »Ich wünsche Ihnen noch einen schönen guten Abend«. Wir haben also an dieser Front zumindest in Sachen Höflichkeit dazugelernt und definitiv gepunktet. So viel zum Thema »Fernsehen bildet nicht ...«

Der Sinn dieser Sache? Wir können bei Schneewarnungen oder Eisstürmen die richtige Ausrüstung rauslegen, damit der Nachwuchs am nächsten Tag adäquat gekleidet ohne Lungenentzündung oder dicke Schnoddernase gesund aus KITA und Kindergarten nach Hause kommt. Auch wenn diese Einstellung immer wieder zu fatalen Diskussionen am Morgen führt: »Ich will heute aber das Piraten-Shirt anziehen!« In Elternratgebern wird immer betont, man solle seinen Kindern zuhören, sich nach den Gründen erkundigen, warum sie Dinge nicht tun wollen. Ihre Botschaften ernst nehmen.

Erziehungs-Gurus auf der ganzen Welt empfehlen, das Kind auch ohne Schuhe rausgehen zu lassen, wenn es das möchte. Auch im Winter. Man solle das Kind dann begleitend beobachten und ein paar warme Stiefel nebenher tragen. Ich stelle mir also vor, wie ich mit einem Berg angemessener Kleidung hinter meinen Kindern herlaufe, damit sie erfahren können, wie sich »kalt und nass« anfühlt. Nein, danke!

Ich weiß als Erwachsener nämlich schon, wie sich kalt und nass anfühlt – nämlich verdammt kalt und ganz schön nass. Nicht jede Erfahrung muss selbst gemacht werden – das ist mein Standpunkt. Solange die Kleidung einigermaßen der Witterung entspricht, spricht nichts gegen Piratenkostüme oder Prinzessinnenkleider, auch in der Vorweihnachtszeit. Schließlich ist man nur einmal Kind und so mancher Erwachsener hat in seinem Büro auch einen »Casual Friday«.

Warum?

Stellen Sie sich vor, Sie müssen in einem Jeanskleid auf den Wiener Opernball. Geht ja gar nicht, oder? Jeder hat so seine Vorstellungen von Kleidung – gerade dann, wenn man in der Autonomiephase angekommen ist. Und dann kommt ja noch der Kern der Trotzphase hinzu: Selber machen! Klar also, dass auch bei der täglichen Körperpflege und dem Anziehen die Meinungen zwischen Eltern und Kindern auseinandergehen.

Das machen die anderen

Melanie (37), Mama von Mara (2)
Wenn Mara sich mal wieder nicht anziehen lassen will, dann erkläre ich ihr immer: »Du gehst doch so gerne einkaufen, oder? Wenn du mitkommen möchtest, dann musst du auch die Schuhe anziehen, sonst können wir nicht losgehen.« Wenn Mara nicht reagiert, sage ich: »Gut, dann bleiben wir hier!« Ich lege die Sachen dann zur Seite und setze mich auf die Couch. Meistens bringt sie dann alles von alleine her und ich kann sie ohne Probleme anziehen.

Rebecca (34), Mama von Klaus und Lara (beide 4)
Bin ich eine schlechte Mutter? Ich spiele die Zwillinge beim Anziehen gegeneinander aus und sage: »Jetzt bin ich aber gespannt, wer zuerst seine Schuhe anhat!« Das artet dann in einen kleinen Wettstreit aus. Der Gewinner? Ich!

Heidi (28), Mama von Lars (2)
Um- und Anziehen ist bei uns nicht beliebt. Ich ziehe Lars nur noch Shirts und Jogginghosen an. Das geht am schnellsten und so sind wir bald durch mit der Prozedur.

Johanna (39), Mama von Sven (2)
Da gibt's doch dieses Anziehlied von Gerd Schinkel. Irgendwie gibt's für alle unangenehmen Situationen Kinderlieder. Das Krasse: Bei uns funktionieren die wirklich!

⌃ Ihr Kind hat keine Lust auf Tiefschlaf? Mit ein paar Tricks gelingt es!

Was also tun?

Cool bleiben! Das Kind will im Clowns-
kostüm in den Kindergarten, weil das
gestern beim Karneval so toll war? Mein
Gott, dann lassen Sie es doch. Stellen Sie
allerdings klare Witterungsregeln für den
Winter auf. Lassen Sie Ihr Kind mitbestimmen, was es anzieht. Und lassen Sie
es sich auch selber anziehen.

So gelingt der Kompromiss

- Lassen Sie Ihr Kind die Kleidung selbst
  auswählen. Geben Sie maximal drei
  verschiedene Teile zur Auswahl.
- Vielleicht möchte sich Ihr Kind selber
  anziehen? Wenn Sie Zeit haben, lassen
  Sie das Kind es versuchen. Ansonsten
  machen Sie einen Kompromiss: »Einen
  Schuh ziehst du an, einen ich, okay?«
- Um den zweiten Geburtstag herum
  lernen Kinder, ihre Hosen eigenständig runterzuziehen. Das Hochziehen
  dauert noch mal eine ganze Zeit länger.
  Helfen Sie den Kindern so viel wie
  nötig und so wenig wie möglich.
- Blödeln Sie mit Ihrem Kind – das hilft
  ja bekanntlich immer. Geben Sie ihm
  den Pullover und sagen Sie: »Hier – da
  ist die Hose – die ziehen wir jetzt an.«
  Ihr Kind wir großen Spaß dabei haben.
- Kündigen Sie das An- oder Umziehen
  rechtzeitig an. Machen Sie Zeitangaben
  wie »Wenn ich den Geschirrspüler fertig
  ausgeräumt habe oder wenn das Lied
  im Radio vorbei ist, dann ziehen wir die

Jacke an.« Kinder haben noch kein Zeit-
gefühl, weshalb ihnen solche Anker und
Fixpunkte mehr sagen als eine konkrete
Uhrzeit oder ein schwammiges »Gleich«.

Schlafengehen oder: In 30 Schritten zum Tiefschlaf

Leidgeprüfte Profi-Mütter wissen: Rituale machen das Leben leichter. Darum
haben wir ein Gute-Nacht-Ritual, das in
der Theorie wie folgt aussieht:

1. Auf den Topf gehen.
2. Pyjama anziehen.
3. Gemeinsam und gut gelaunt nach
   oben gehen.
4. Zügig Zähne putzen.
5. Jedes Kind kommt in sein eigenes
   Zimmer und daher auch in sein eigenes Bett.
6. Wir lesen eine Gute-Nacht-Geschichte.
7. Das Nachtlicht einschalten.
8. Jedem Kind einen Gute-Nacht-Kuss
   geben.
9. Tür anlehnen.
10. FEIERABEND!
11. 20 Uhr: Wir Eltern schauen uns
    noch eine Doku im Fernsehen an
    und gehen dann schlafen. Es ist
    22 Uhr – ich genieße meine erste
    REM-Phase.

So ist zumindest der Plan. Die Realität
schlägt mir aber natürlich wie so oft ein

fieses Schnippchen. Und in Wirklichkeit sieht unser Abend dann so aus:

1. Auf den Topf gehen.
2. Pyjama anziehen.
3. Gemeinsam nach oben gehen.
4. Vor dem Zähneputzen wird so lange mit dem Wasser geplantscht, bis der Pyjama nass ist.
5. Wieder runtergehen. Neuer Pyjama.
6. Zähne putzen. Es dauert gefühlte 25 Minuten.
7. Zahnpastaflecken notdürftig vom (frischen) Pyjama abwischen.
8. Ein Glas Wasser trinken. Der Gute-Nacht-Kuss ist dadurch extrem feucht.
9. Jedes Kind kommt in sein eigenes Zimmer und daher auch in sein eigenes Bett.
10. Der eine will noch mal dem anderen »Gute Nacht« sagen und schlägt ihm dabei mit voller Wucht einen Teddy ins Gesicht.
11. Wir lesen gefühlte 63 Geschichten.
12. Unter dem Bett ist der Grüffelo. Hilfe!
13. Der Schnuller ist weg. Oder der Teddy. Irgendwas fehlt immer.
14. Das Kind will noch mal auf den Topf.
15. Im Nebenzimmer spielen sich unschöne Szenen ab: Kind Nummer 2 protestiert lautstark, weil es noch nicht schlafen will.
16. Ich sitze so lange neben dem Bett von Kind 1, bis es einschläft. Der beste Ehemann von allen ist bei Kind 2.
17. Es ist 22 Uhr, zu spät für eine gute Doku. Wir gehen schlafen. Genervt.
18. Es ist 2 Uhr nachts – Kind Nummer 1 kommt zu uns ins Bett. Es ist dabei nicht gerade leise.
19. Mittlerweile ist es 3 Uhr – Kind Nummer 2 kommt zu uns ins Bett.
20. Es ist 3.30 Uhr – der Gatte schnarcht. Kind Nummer 1 knirscht mit den Zähnen. Wir sollten das mal beim Zahnarzt checken lassen.
21. 4 Uhr: Die eiskalten Füße von Kind Nummer 1 bohren sich in meinen Bauch. Memo an mich: Kindern immer Socken anziehen!
22. 4.30 Uhr: Der beste Ehemann von allen hat viel mehr Platz im Bett als ich. Finde ich ungerecht. Ich wecke ihn.
23. 5 Uhr: Der beste Ehemann von allen ist sauer. Er geht ins Bett von Kind Nummer 1 – ist ein Sportwagen-Bett und verspricht schnelles Einschlafen.
24. 5.30 Uhr: Kind Nummer 2 wird langsam wach: Ich merke das, weil er mich ganz genau von der Seite beobachtet und mit seinem Finger in meinem Auge bohrt. Er will Kakao. Ich hätte gerne Kaffee. Doch der Vollautomat ist so laut, dass ich wohl damit Kind Nummer 1 aufwecken würde.
25. 5.45: Ich mache mir also Pulverkaffee – der 700 Euro teure Vollautomat bleibt ausgeschaltet.
26. 6 Uhr: Der Gatte ist wach. Er hat Rückenschmerzen. Das sagt er mittlerweile zum 200. Mal.
27. 6.05: Kind Nummer 1 ist wach und will Kakao.
28. Ich will schlafen – wenigstens eine REM-Phase lang.

Warum?

Spielen ist cool. Fernsehen sowieso. Schlafen ist dagegen todlangweilig. Und alleine erst recht. Denn wir wollen doch alle jemanden zum Kuscheln, oder? Außerdem gibt es ja so unglaublich viel zu entdecken in dieser großen weiten Welt, und zwar zu jeder Tages- und Nachtzeit. Irgendwie ist das logisch und daher auch verständlich, dass es vor dem Zubettgehen immer wieder Gezeter gibt. Egal wie lang der Tag war, wie erlebnisreich und wie spannend – das Schlafengehen ist eine unfeine Sache und beendet das Abenteuer Leben. Und selbst wenn Kinder müde sind – zugeben würden sie das wohl nie.

Was also tun?

Dass das Kind ins Bett geht, bringt uns Eltern viele Vorteile. Aber was sind die Vorteile für das Kind? Versuchen Sie, Ihrem Sprössling das Schlafengehen schmackhaft zu machen: Egal ob eine spannende Geschichte oder eine rituelle Kitzelattacke – lassen Sie den Tag immer positiv ausklingen. Begleiten Sie Ihr Kind in den Schlaf! Im besten Fall besprechen Sie vor dem Schlafen noch einmal die Geschehnisse des Tages: Was ist passiert? Was war gut, was war schlecht? Das Ins-Bett-Gehen ist auch eine tolle Gelegenheit, um noch einmal in Ruhe über Trotzanfälle zu sprechen: »Du hast dich heute sehr geärgert, als wir im Supermarkt waren. Wut ist in Ordnung – wie können wir in Zukunft besser damit umgehen?« Klar, nach einem anstrengenden Tag möchte

man vielleicht mal zu einem Buch greifen. Begleiten Sie Ihr Kind in den Schlaf, egal ob Sie alle im Familienbett schlafen oder ob jeder ein eigenes Bett hat. Damit es Ihnen nicht so langweilig ist, kaufen Sie sich einen E-Book-Reader oder lesen Sie am Smartphone neben dem Bett Ihres Kindes, bis es eingeschlafen ist. So schlagen Sie zwei Fliegen mit einer Klappe: Ihr Kind schläft durch Ihre Nähe entspannter ein und Sie haben gleichzeitig schon etwas Freizeit.

So gelingt der Kompromiss

- Kinder haben keinen Zeitbegriff. Eine Stunde kommt einem Kind oft wie ein Tag vor und umgekehrt. Wenn Ihr Kind also gerade in ein Spiel vertieft ist, lassen Sie es noch zehn Minuten spielen. »Du darfst noch fertig spielen, und dann gehen wir uns fürs Bett fertig machen.« Diese zehn Minuten tun niemandem weh und geben dem Kind jene Mitbestimmung, die es in dieser Phase so dringend benötigt. Anschließend sollten Sie allerdings konsequent sein.
- Das Schlafengehen sollte immer positiv besetzt und keine Strafe sein. Verwenden Sie also niemals Formulierungen wie etwa: »Jetzt ist Schluss! Ab ins Bett mit dir!«
- Rituale geben Sicherheit – versuchen Sie, wenn möglich, das Abendritual immer gleich zu gestalten.
- Ein zweijähriges Kind braucht in etwa 11 bis 15 Stunden Schlaf. Vielleicht ist

Das machen die anderen

Lisa (32), Mama von Lena (3)
Ich schlafe selber nicht gerne alleine und verstehe also, dass Lena das auch nicht will. Für mich gibt's nur eines: das Familienbett. Ich warte, bis Lena eingeschlafen ist, und gehe dann noch TV gucken oder so. Ich denke, Kinder brauchen das. Und diese Phase geht auch irgendwann vorbei.

Ursula (34), Mama von Felix (2) und Fabian (3)
Schlafen war immer ein Reizthema. Es hat mich unglaublich genervt. Ich habe mir jetzt einen Kindle gekauft. Nun setze ich mich abends ins Kinderzimmer und lese so lange, bis sie schlafen. Seit ich selber cooler bin, sind es auch die Kinder. Und wenn die Würmer dann schlafen, bin ich voller Liebe und hoffe, morgen wird ein besserer Tag.

Maria (30), Mama von Hannah (2) und Leon (3)
Irgendwas haben wir falsch gemacht. Das Wort »Schlafen« ist bei uns negativ behaftet. Es heißt dann sofort: »Ich will aber nicht!«. Neuerdings sage ich immer: »Du musst auch nicht schlafen. Du kannst im Bett noch mit dem Teddy spielen.« Das hat uns allen den Druck genommen.

Barbara (35), Mama von Viktor (3)
Nach unserem Abendritual stelle ich ganz leise den CD-Player mit einer Geschichte ein. Damit man die Geschichte hören kann, muss man ruhig sein. Viktor schläft dann schnell ein.

Christina (35), Mama von Mia und Mona (beide 3)
Ich bin kein großer Fan vom Familienbett, weil es mir zu eng und zu heiß ist. Aber seit die Kinder in unserem Ehebett schlafen dürfen, ist es mit dem Schlafengehen viel besser. Wir haben jetzt übrigens einfach ein neues und richtig breites Bett gekauft. Alternative könnte man aber auch das Kinderbett direkt neben das Elternbett stellen.

Manuel (43), Papa von Anton und Emma (beide 3)
Ich komme abends meistens spät nach Hause. Dann genieße ich es, den Kindern eine Geschichte vorzulesen. Ich bleibe dann auch so lange sitzen, bis sie eingeschlafen sind. Das hat etwas Meditatives – das rede ich mir zumindest immer ein.

der Mittagsschlaf zu spät oder zu lang? Verlegen Sie den Mittagsschlaf auf die Mittagszeit anstatt auf den Nachmittag. So bleibt Ihrem Kind noch genügend Zeit, um sich auszutoben.

- Bieten Sie Ihrem Kind Alternativen an, damit es mitbestimmen kann: »Möchtest du ein Buch lesen oder ein Hörspiel zum Schlafengehen hören? Welchen Pyjama möchtest du anziehen?«
- Kein Fernsehen vor dem Schlafengehen, das führt zu Reizüberflutung und Chaos im Kopf.

Aufräumen oder: Ein Loblied auf den Kindergarten!

Ich verrate Ihnen ein Geheimnis: Die Leute im Kindergarten haben es voll drauf. Das sind die Navy Seals der Pädagogik. Vorderste Front sozusagen. Wenn Sie das Kinderzimmer ihres Nachwuchses für tendenziell chaotisch halten, dann schauen Sie doch mal zur Mal- und Bastelstunde in die örtliche KITA. Wenn die Pädagoginnen da nicht den Überblick bewahrten, sähe es aus wie nach einer Drogenrazzia mit Suchhundstaffel.

Bei der Eingewöhnung im Kindergarten ereignete sich das nachstehende, unfassbare Schauspiel: Alle Kinder waren in ihr Spiel vertieft, das heißt, sie spielten mit- und gegeneinander, manchmal auch alleine, als plötzlich eine der Erzieherinnen der Gruppe aufstand und anfing zu singen:

»Alle Kinder, groß und klein,
  Räumen jetzt die Sachen ein.
  Eins, zwei, drei, die Spielzeit ist vorbei.«

Also, ganz ehrlich und unter uns: Ich hätte mir nicht gedacht, was dann folgte. Aus allen Winkeln des Raumes wuselten Kinder hervor und begannen Spielzeug wegzuräumen. Wie Ameisen, die einen Picknickplatz säubern, oder Fruchtfliegen auf einem leicht fauligen Apfel schwärmten die Kleinen aus, um Autos, Puppen und Züge wegzuräumen. Sie stopften sie aber nicht in irgendwelche Ecken oder unter den Teppich, der sich dadurch zu einer Art Wüstendüne verwandeln kann, sondern suchten gezielt nach den passenden Kisten und Tönnchen und stellten diese sogar in die richtigen Ecken. Ich war baff. Wären die Stühle etwas größer gewesen, hätte ich mich hinsetzen müssen.

Heimlich notierte ich mir den Text in meinem schwarzen Notizbuch. Handelte es sich bei diesem Lied um eine geheime Beschwörungsformel? Um Hypnose? Oder gar um Voodoo? Eine kurze Onlinerecherche später hatte ich den Fachbegriff »Übergangslieder« entdeckt. Das »Übergangslied« leitet von der Spielphase in die nächste über, zum Beispiel zum gemeinsamen Basteln oder Gang in den Garten. Den Rest erledigt der gute alte Gruppenzwang. Auch wenn ich weiß, dass meine Kinder besonders sind und als Individuen nicht einer Gruppe nacheifern sollen, muss ich dennoch eingestehen, dass kleine Kinder trotzdem Regeln brauchen, damit nicht das Chaos ausbricht und Holzschienen zu Wurfgeschossen werden, nur weil ein Kind seine Individualität ausleben will.

Als das nächste Mal bei uns zu Hause das kindliche Chaos auszubrechen drohte, stimmte ich daher das obige Lied an. Zwei Sachen weiß ich ziemlich sicher, seit ich im Anschluss an das Aufräumen Legosteine aus den Topfpflanzen holte:

a) Ich kann nicht singen und

b) meine Kinder räumen mit diesem Lied zumindest teilweise auf. Und das ist doch schon ein guter Anfang, oder?

Warum?

Ehrlich? Ich bin selber schlampig. Mein Schreibtisch ist ein Chaos und ohne Terminplaner wäre ich aufgeschmissen. Als Zwillingsmutter verbringe ich meine Zeit lieber mit den Kindern als in der Küche – als Vorbild bin ich quasi völlig ungeeignet. Es war also logisch, dass die Kinder in Sachen Ordnung im Kindergarten mehr lernen können als von ihrer Mutter. Generell ist es so, dass Kinder das Chaos gernhaben. Fakt ist: Jüngere Kinder überfordert eine große Menge an Spielsachen eher, da ist es wichtig, dass sie sich auf wenige Spielzeuge fokussieren können.

Allein wenn man sich in die Perspektive eines Kleinkindes versetzt, wirkt das Durcheinander im Kinderzimmer nach einer gepflegten Spielzeit schier nicht beherrschbar: Wo soll man nur anfangen? Auf dem Weg mit ein paar Spielzeugautos zur Kiste kommt man an einem Buch vorbei, das man sich doch schon länger nicht mehr angesehen hat. Und während man also gedankenversunken darin blättert, mahnt Mama schon wieder zum Aufräumen. Also schnell das Buch weglegen und ... oh, ein Buntstift! Malen wäre ja auch mal wieder schön. Direkt zum Tisch rennen und schauen, ob es irgendwo noch ein Blatt Papier gibt. Hm, hier nicht. Dann muss eben das Bücherregal durchwühlt werden. Puh, keine Ahnung, warum Mama jetzt total ausrastet und wie Rumpelstilzchen durchs Kinderzimmer wütet. Dabei wollte ich ihr doch gerade extra ein schönes Bild malen.

Was also tun?

Machen Sie diese riesige, unüberschaubare Aufgabe beherrschbar, indem Sie es nicht schwammig als »aufräumen« bezeichnen, sondern konkret sagen, was getan werden muss.

Es hilft den Kindern, wenn man einzelne Arbeitsschritte beim Aufräumen benennt: »Leg die Steine in die Kiste und die CDs in den Schrank.« Das ist auch ganz wichtig fürs Loben hinterher, übrigens für jedes Lob: Je konkreter, desto wirkungsvoller. Kinder wollen gesehen werden, also sollte man auch genau hinschauen und zum Beispiel sagen: »Du hast die CDs ins Regal gestellt und alle Bausteine sind in ihrer Kiste. Da freue ich mich, so ein toll aufgeräumtes Zimmer zu betreten.« In der Pädagogik wird das »beschreibendes Lob« genannt und funktioniert ungemein gut. Eltern berichten, wie die Kinder strahlen, je mehr Details sie würdigen.

Was machen die anderen

Ella (32), Mama von Lukas (3) und Valentina (5)

Irgendwann bin ich in einzelnen Puzzelteilen ertrunken. Generell herrschte Chaos. Ich habe dann mal ordentlich das Spielzeug ausgemistet. Seit die Kinder weniger haben, achten sie auch mehr darauf und schätzen es besser.

Nina (33), Mama von Leon und Anna (beide 4)

Aufräumen gehört zu unserem Zubettgeh-Ritual. Das haben wir relativ früh eingeführt. Anfangs können die Kinder ja nur helfen. Heute machen sie es schon fast alleine.

Janina (30), Mama von Cordula (2)

Aufräumen klappt bisher absolut nicht bei uns. Das könnte aber auch am Alter der Kleinen liegen. Ich denke, das wird sich irgendwann einpendeln. Wir arbeiten jedenfalls daran. Was Dreck und Unordnung betrifft, bin ich – seit ich Kinder habe – generell viel entspannter geworden.

Elke (40), Mama von David (3) und Sophia (5)

Ordnung ist das halbe Leben? Ich lebe definitiv in der anderen Hälfte. Leider. Um mich selbst zu zwingen, habe ich mich von vielen Dingen getrennt, die ich nicht brauche. Damit behalte ich auch selber besser den Überblick. Ist eine Art Selbsttherapie. Und so setze ich es nun auch im Kinderzimmer um: Sachen, mit denen nicht mehr gespielt wird, werden wenigstens für ein paar Wochen weggeräumt.

Carmen (38), Mama von Anna (2) und Xaver (4)

Anfangs habe ich immer alles alleine aufgeräumt. Irgendwann hatte ich es dann satt: Die Socken vom Ehemann und dann noch das Spielzeug von zwei Kindern wegzuräumen, war mir zu viel! Ich habe einen Familienrat einberufen und meinen Standpunkt mal ordentlich klargemacht, dass ich nicht die Putzfrau für alle bin – und sogar mein Mann ist ein wenig ordentlicher geworden. Ich bilde mir das zumindest ein.

⬧ Mit dem Befehl »Aufräumen« können die meisten Kinder wenig anfangen. Sagen Sie daher lieber konkret, was getan werden muss und loben Sie die einzelnen Arbeitsschritte.

Auch eine gewisse Grundordnung im Kinderzimmer hilft, dass der Nachwuchs sich daran erinnert, was wohin gehört. Zum Beispiel können Sie auf Kisten oder Tonnen ein Foto kleben, welches Spielzeug hier hinkommt: Autos in die eine Kiste, Legosteine in die große Tonne, Kochutensilien natürlich in die Puppenküche ...

Und ja, ich weiß, wer räumt denn schon gerne auf? Trotzdem brauchen Kinder oft noch Unterstützung, also gehen Sie ab und zu mit gutem Beispiel voran und räumen Sie mit Sohnemann oder Töchterchen gemeinsam auf.

Nicht zu vergessen: Je weniger Spielsachen, Bücher und Kuscheltiere es gibt, umso weniger muss aufgeräumt werden. Logisch, oder?

So gelingt der Kompromiss

- Seien Sie ein Vorbild. Wenn Sie selbst chaotisch sind, wundern Sie sich nicht, wenn die Kinder es auch sind.
- Sehen Sie das Aufräumen als gemeinsame Aktivität und machen Sie ein festes Ritual daraus. Damit nehmen Sie dem Aufräumen den Schrecken.
- Gehen Sie die Sache spielerisch an: Wer ist schneller? Wer findet im Kinderzimmer die meisten Autos und bringt sie als Erster an den richtigen Platz?
- Arrangieren Sie Spielzeugboxen so, dass die Kinder sie erreichen können.
- Halten Sie das Angebot an Spielsachen in einem sinnvollen Maß. Ihr Wohnzimmer muss nicht so gut wie ein Kindergarten sortiert sein. Wenn Sie den Eindruck haben, dass Sie zu viele Spielsachen haben, dann packen Sie manches weg und tauschen es nach ein paar Wochen wieder aus.
- Benennen Sie einzelne Arbeitsschritte: »Bitte leg die Buntstifte in die weiße Schublade.«
- Nicht zu penibel sortieren, das überfordert die Kinder. Lieber wenige große Kisten aufstellen als viele kleine.
- Bestehen Sie darauf, dass die Kinder selber aufräumen. Es schnell selber zu machen, ist zwar einfacher, als lange zu diskutieren. Aber sinnvoll ist es nicht.

Fernsehen, Handy, Tablet oder: Tsunami im Kopf

Man hat ja gewisse Grundsätze in der Kindererziehung. Etwa: Biogemüse von linksdrehenden Bauern aus Freilandhaltung in Bodennähe. Oder: Pädagogisch wertvolles Holzspielzeug aus nachhaltigen, heimischen Spielzeugmanufakturen. Und natürlich: Intelligente Kinderbücher von Pulitzer-Preisträgern und kein böses, verdummendes Fernsehen. Und schon gar keine Tablets. Smartphones? Pfui! Böse! Das funktionierte bisher eigentlich wunderbar bei uns.

Doch kürzlich brach das Chaos herein: Die besten Kinder von allen fingen ohne ersichtlichen Grund – dafür umso motivierter – zu brüllen an. Gleichzeitig. In

Fernseh-Sprache heißt das stereo. Micky stampfte wütend auf den Boden, während im 90-Grad-Winkel Krokodilstränen aus seinen Augen schossen wie in einem japanischen Zeichentrickfilm. Und die kleine Maus wälzte sich in einer Pfütze aus Selbstmitleid, Spucke und Tränen am Boden wie die Hauptdarstellerin einer brasilianischen Telenovela.

Ziemlich hilflos und genervt wanderte mein Blick durch das Wohnzimmer. Was sollte ich jetzt machen? Die Kinder ignorieren und kurz das Zimmer verlassen, um Motivation zu tanken? Meine Augen blieben schließlich an einer original verpackten »Barbapapa«-DVD hängen. Kennen Sie diese kleinen Kästchen, wo in großen fetten Lettern steht: »Im Notfall einschlagen«? Genauso fühlte ich mich in diesem Augenblick und ich riss pädagogisch völlig wertlos, dafür aber sehr hektisch, die »Notfallfolie« der DVD runter.

Ich schaltete den Fernseher ein und als die Melodie der Barbapapas aus den Lautsprechern ertönte, waren die kleinen Kindermünder plötzlich mucksmäuschenstill und die Augen hingen an den Figuren, die sich ändern können, wie sie wollen: dünn oder dick, kurz oder lang.

Eine nie enden wollende Woge an Erleichterung und Kindheitserinnerungen schwappte durch das Tränental. Diese Mischung aus Nostalgie und Ruhe machte mich innerlich glücklich und zufrie-

den. Es war so ruhig, dass man beinahe seine eigenen Gedanken wieder hören konnte – und ich muss sagen, dass das bei mir schon eine ganze Weile her ist …

Die Familie Barbapapa ist mittlerweile beinahe bei uns eingezogen: Die Kinder dürfen drei Folgen der bunten Kinderlieblinge anschauen. Jeden Abend vor dem Schlafengehen macht sich schon eine spürbare Nervosität breit. Wir nennen es »Plan B« – das Wort »Barbapapa« darf man nämlich in unserem Haushalt nicht mehr sagen. Denn dann stottern zwei Kinder aufgekratzt und beinahe gleichzeitig »Babaa-Barbaba-Papa-Barbapapa-Barbar«. Sie lassen dann alles stehen und liegen und laufen in Windeseile vor den Fernseher. Wehe dem, der nicht sofort die Fernbedienung findet – der ertrinkt im Gebrüll! Da schreien die beiden dann fordernd im Chor »Barbapapaaaaaa!« und stehen hüpfend vor dem TV-Gerät. Wir müssen die Wunderwaffe dann schnell anwerfen, sonst gibt es Stunk! Mehr als drei Folgen sind aber trotzdem nie drin, egal wie laut danach wieder gezetert wird.

So wie sich die Barbapapas innerhalb von Sekundenschnelle in ihrer Form verändern können, so kann die Stimmung von Kindern im Trotzalter sehr flott kippen.

Warum?

Prinzipiell sollten Kinder unter zwei Jahren gar nicht fernsehen oder Tablets und

Handys nutzen. Der Grund? Ihr Gehirn kann das Gesehene nicht verarbeiten. Außerdem werden, besonders bei der Nutzung von Smartphones oder Tablets, die neuronalen Bahnen im Gehirn nur wenig gebildet. Mit anderen Worten: Ich lerne dadurch laufen, dass ich es dauernd mache. Ich lerne dadurch sprechen, dass jeder mit mir spricht. Ich kann aber laufen nicht lernen, wenn ich im Bett liege. Und sprechen nicht, wenn niemand mit mir spricht. Und ich lerne die Benutzung meines Geistes nicht dadurch, dass ich passiv Medien konsumiere. Beispielsweise durch das Wischen über eine eigenschaftslose Glasoberfläche. Ein zweijähriges Kind trainiert so weder Sensorik, denn eine Glasplatte fühlt sich nach nichts an, noch trainiert es die Motorik, weil ja immer die gleiche Handbewegung gemacht wird. Das bedeutet, dass ich weder sensorische noch motorische Fähigkeiten ausbilde. Die brauche ich aber, wenn ich später eine Flasche oder ein Glas anfasse. Und das behindert mich später beim Denken, weil alle komplexen Gedanken über die Hände und das Fühlen in den Kopf hineinkommen.

Wer passiv vor dem Fernseher sitzt oder am Tablet Filme schaut oder spielt, kann in dieser Zeit natürlich auch nicht hüpfen, klettern oder mit dem Laufrad durch die Welt düsen. Und auch, ob man ein Puzzle am Smartphone macht oder es wirklich mit seinen eigenen Händen anfasst, untersucht, die Konturen des rosaroten Schweinchens fühlt und dann die passende Stelle im Holzpuzzle findet, ist etwas völlig anderes.

Es gibt aber durchaus Notsituationen zu Hause. Kranke Kinder dürfen sich auch mal berieseln lassen. Und Eltern von kranken Kindern sind froh über ein bisschen Zeit zum Durchschnaufen. Wichtig: Schauen Sie gemeinsam mit Ihrem Kind altersgerechte Sendungen. Erklären Sie, was gerade passiert. Bleiben Sie in Beziehung zu Ihrem Kind. Versuchen Sie, die Mediennutzung in einem kindgerechten Maß zu halten.

Was also tun?

Achten Sie bei der Medienwahl auf die angegebene Altersempfehlung, die aber manchmal leider nichts über die tatsächliche Eignung für Kinder aussagt – es gibt Serien für kleine Kinder, die man als »verdummend« bezeichnen kann. Im besten Fall schauen Sie sich vorher an, was Sie den Kindern anzusehen geben. Wer keine Zeit dafür hat, nimmt am besten uralte Kinderserien – die sind meistens intelligenter als die neuen Serien und haben Reime mit Witz.

Tablets und Handys sind nur für Notfälle gedacht. Versuchen Sie diese generell zu meiden. Wenn Sie den Kindern die Mediennutzung erlauben, dann versuchen Sie, dabei zu sein.

Das machen die anderen

Moni (38), Mama von Georg (2,5 Jahre)

Wir schauen Kinderserien prinzipiell nur auf Englisch. Ist zwar nicht der Weisheit letzter Schluss, aber so habe ich kein schlechtes Gewissen, wenn wir ab und zu den elektronischen Babysitter anwerfen, denn wenigstens tue ich nebenbei etwas für Georgs Bildung. Fremdsprachenkenntnisse können nie schaden. Aber klar – alles mit Maß und Ziel.

Tanja (41), Mama von Marco (13) und Ella (2)

Mein Großer ist als hochbegabt eingestuft. Als er getestet wurde hat er ständig als Antwort gegeben, dass er das vom Fernsehen weiß. Mittlerweile, oder besser gesagt in diesem Alter, muss ich feststellen, dass die Kids generell kaum mehr fernsehen. Am Handy den Youtubern zuzuschauen, ist das neue Fernsehen. Ich muss aber dazusagen, dass ich eine Mum bin, die das eher entspannt sieht. Damals wie heute. Man sieht ja, dass Kinder durchaus auch beim Fernsehen etwas lernen können, und so darf natürlich auch Ella mitschauen.

Karin (32), Mama von Valentina und Ariane (beide 3)

Hier bei uns ist Fernsehen so normal, wie alles andere auch. Wer schauen will, schaut. Nach spätestens 10 Minuten ist das Interesse sowieso wieder weg und die Kinder gehen dann spielen. Sie können sich gut selbstregulieren, weil sie wissen, dass Fernsehen erlaubt ist. Sie müssen es nicht ausnutzen, wenn ich es mal erlaube, und dann exzessiv schauen.

Vera (30), Mama von Milo (3) und Philipp und Nora (1)

Mein Großer guckt leider öfters TV, als ich gut finde. Bei mir ist es auch dem Umstand geschuldet, dass ich mit den Zwillingen und ihm so viel alleine bin. Irgendwie muss der Haushalt erledigt oder das Essen gekocht werden. Duschen muss ich auch mal und morgens eine warme Tasse Kaffee am Wochenende ist Luxus. Ich finde das nicht richtig, aber ich weiß auch nicht, wie ich es ändern soll.

Andrea (32), Mama von Leo (6) und Hannah (3)

Meine Kinder schauen schon lieber Youtube. Und sie wissen genau, was sie interessiert. Sie schauen nie lang. Nach einer Weile gehen sie spielen. Mir wäre es manchmal sogar recht, wenn sie länger schauen würden, denn dann hätte ich mehr Zeit, um mal Dinge alleine zu erledigen, die Wäsche aufzuhängen oder auch nur mal in Ruhe aufs Klo zu gehen.

Verena (39), Mama von Viktoria (6), Frederik und Maximilian (beide 4) und Baby Constanze (7 Monate)
Unsere drei Großen dürfen zurzeit kein Fernsehen schauen, die Kleine sowieso nicht. Warum? Weil sie danach immer so aufgekratzt sind. Es kommt halt immer auf die Kinder an. Tagsüber ist bei uns der Fernseher aus. Dafür gibt es bei uns freitags immer den Familien-Kinoabend. Sie dürfen sich eine DVD aussuchen, die sie gucken. Finde es so auch besser.

Manuela (44), Mama von Finn (4) und Johanna (2)
Richtiges Fernsehen ist bei uns tabu, denn die Sendungen nehmen einfach kein Ende. DVDs klappen viel besser. Ist die DVD vorbei, wird die Glotze ausgestellt. Oder ich lasse sie eben an und dann gibt es nur das Startmenü zu sehen.

Claudia (33), Mama von Frederick (3)
Ich bin die Chefin über die Fernbedienung und gebe sie auch nicht an meinen Sohn ab. Er darf seine Lieblingssendung schauen und diese 30 Minuten nutzen wir gleichzeitig als Kuschelzeit.

Peter (35), Papa von David (5) und Anna (2)
Ich weiß gar nicht, wann wir angefangen haben, die Kinder am Tablet spielen zu lassen. Im Nachhinein war das eine saublöde Idee, denn freiwillig geben sie das gute Stück nicht mehr her. Und auf ewige Diskussionen, Betteln, Motzen und Toben habe ich keine Lust mehr. Jetzt bekommen sie das Tablet nur noch, wenn der Akku fast leer ist. Ein schwarzer Bildschirm wird ganz schnell langweilig.

So gelingt der Kompromiss
- Versuchen Sie, die Mediennutzung für Ihre Kinder unter zwei Jahren völlig zu vermeiden. Computerspiele – zum Beispiel einfache Lernspiele – sind frühestens ab vier Jahren geeignet.
- Vereinbaren Sie gemeinsam mit Ihrem Kind Regeln für Fernsehen und Computer (Zeit, Ort, Umfang). Planen Sie auch Ausnahmen ein (zum Beispiel für ein verregnetes Wochenende, Krankheit oder ein besonderes Sportereignis).
- Lassen Sie Ihr Kind nicht zappen. Suchen Sie mit Ihrem Kind gezielt geeignete, altersgerechte Sendungen, Youtube-Kanäle bzw. kleinkindgerechte Tablet-Spiele aus.
- Fernseher haben in Kinderzimmern nichts verloren.
- Sehen Sie möglichst mit Ihrem Kind gemeinsam fern oder bleiben Sie zumindest in der Nähe und für Ihr Kind ansprechbar.

Medien und ihre Auswirkungen

Kinder lieben TV, Smartphone und Co. Diese lassen sich kinderleicht bedienen und bieten schnelle Unterhaltung. Doch wie wirkt sich der frühe Medienkonsum auf die Gehirnentwicklung aus?

Kinder lernen nicht wie Erwachsene – Kinder saugen Wissen in sich auf, um die Welt um sich herum, die kompliziert und auch fremd ist, verstehen zu können. Sie experimentieren und wiederholen – vor allem: sie BE-GREIFEN. Am Wichtigsten ist dabei das Tun. Denn wiederholende Handlungen helfen beim Verinnerlichen von Prozessen und beim Erlernen von Bewegungsabläufen und damit auch der Geschicklichkeit – physisch wie geistig. Oder wie Maria Montessori sagt: »Das Interesse des Kindes hängt von der Möglichkeit ab, eigene Entdeckungen zu machen.«

Ihr Kind lernt also durch Handlungen und stetige Wiederholung. Und jede Wiederholung ist ein Mini-Optimierungsprozess im neuronalen Netzwerk des Gehirns. Denn das Kindergehirn ist wie eine leere Festplatte. Es will mit Informationen gefüttert werden und baut so neuronale Bahnen auf. Diese Bahnen verlängern

sich stetig und werden durch jede Wiederholung und jedes Handeln gefestigt, gestärkt und verlängert. Mit anderen Worten: Kinder lernen durch den Ursache-Wirkungs-Prozess. Deswegen führen Spielzeuge, bei denen man nur Knöpfe drückt, oder ein Tablet, auf dem man mit nur einem Fingerstreich ein Video abspielen kann, in dem Tiere tanzen und singen, die Ursache-Wirkung ad absurdum. Das Kind krümmt gerade mal einen Finger und löst gleich ein ganzes Konzert aus. Im Gehirn wird damit ein ganzes Feuerwerk an Emotionen ausgelöst. Gehirnbiologisch sind die so entstandenen Vernetzungen problematisch. Das Kind lernt, dass es durch eine nur minimale Ursache (das Drücken auf den Knopf mit einem Finger) eine maximale Wirkung (Blinkkonzert) auslösen kann – und da wundern wir uns noch, dass die heutige Generation an Kindern keine Anstrengungsbereitschaft und kein Durchhaltevermögen mehr aufbringen?

⬧ Experten empfehlen: Kein Smartphone unter 14 Jahren.

Ja, wie sollen sie auch, wenn sie nicht einmal beim Spielen mehr als einen Fingerdruck ausüben müssen. Auch die Aufmerksamkeitsspanne wird durch das viele Geblinke und Getöne verringert. Kein Kind kann mit einem solchen Smartphone oder einem blinkenden Spielzeug in den sogenannten »Flow« geraten – dieser ist aber nötig für die Ausbildung von langen, verschachtelten Gehirnbahnen. Denn der Flow ist jener hirnorganische Zustand des Glücksgefühls, bei dem ein Mensch ganz versunken ist in die Aufgabe, die er gerade erledigt. Im Flow lernt er und der Flow ist Voraussetzung für Ausdauer, Durchhaltevermögen, Aufmerksamkeit und Frustrationstoleranz.

Ein Beispiel: Wenn Sie für einen Marathon trainieren, so werden Sie erst einmal Ihre Muskeln aufwärmen. Dann werden Sie kleine Strecken laufen. Sie werden erschöpft sein. Und müde. Die Muskeln schmerzen. Und trotzdem erleben Sie ein Glücksgefühl, weil Sie über Ihre Grenzen gegangen sind. Und Sie werden ihre Distanzen langsam steigern. Wenn Sie kontinuierlich trainieren, werden Sie von Woche zu Woche weiter laufen können. Wir sprechen hier von klassischem Training und von Glücksgefühlen. Und was für unsere Muskeln gilt, gilt auch für unser Gehirn.

Kein Smartphone unter 14 Jahren

Renommierte Hirnforscher wie etwa Manfred Spitzer warnen eindringlich davor, Kinder zu früh mit Handys und Tablets in Kontakt zu bringen. Er empfiehlt: »Digitale Medien sollten erst ab einem Alter von 14 Jahren – unter Aufsicht – konsumiert werden.« Denn digitale Medien beeinträchtigen die Gehirnentwicklung und erzeugen Suchtverhalten. Die Gehirnentwicklung wird dadurch gebremst, dass dem Kind die geistige Arbeit abgenommen wird, was aber eine Grundvoraussetzung für jegliche Gehirnentwicklung ist. Gelernt wird nun mal durch Wiederholung. Kinder lernen gut und sicher laufen, indem sie viel laufen. Sie lernen sprechen, indem viel mit ihnen gesprochen wird, ihnen viel vorgelesen wird. Durch rein passiven Medienkonsum und minimale Interaktion mit der Umwelt ist kein Lernprozess möglich.

Besonders die Ausbildung einer differenzierten Sensorik leidet unter der Nutzung von Smartphones und Tablets. Die glatte Oberfläche eines Smartphones fühlt sich immer gleich glatt an und gibt keinerlei Rückmeldung an die zuständigen Zentren im Gehirn. Die Mehrheit der Oberflächensensoren der Haut stellen die so genannten Mechanosensoren, die sich in den dermalen Schichten der Haut befinden und auf physische Verformungen reagieren, also die Wächter über alle Hautkontakte. Dabei herrscht strikte Arbeitsteilung: Unterschiedliche Sensoren übernehmen unterschiedliche Aufgaben, die in ihrer Gesamtheit dem Gehirn einen genauen Eindruck davon geben, was um den Körper herum passiert.

Die sogenannten Meissner-Körperchen registrieren, wie schnell die Haut an der Reizstelle eingedrückt wird. Sie sitzen unter anderem an den Fingerspitzen, der Handfläche und den Fußsohlen. Die Merkel-Zellen reagieren auf anhaltende Berührungen – auch sie findet man an den Handinnenflächen oder der Fußsohle, aber auch am Armrücken. Daneben gibt es noch Zellen, die die Dehnung der Haut wahrnehmen und weiterleiten können sowie auf Hitze und Kälte reagieren. All diese Informationen laufen in einem Bruchteil von Sekunden über die Nervenbahnen und das Rückenmark ins Gehirn: dort zuerst in den Thalamus und dann in den Kortex, die Großhirnrinde, den Ort der höchsten Denkfähigkeit. Wer sich also schon früh in feinmotorischen Tätigkeiten übt, verfeinert im wahrsten Sinne des Wortes sein Können. Das Kind »be-greift« seine Umwelt durch das gezielte Berühren und Anfassen. Denn alle komplexen Gedanken kommen über die Hände und das Fühlen in den Kopf hinein.

Die durchaus verständliche Befürchtungen der Eltern, dass ihre Kinder in einer zunehmend digitalisierten Welt ins Hintertreffen geraten könnten, wenn man sie nicht frühzeitig an die Medien heranführe, kann man damit ebenso entkräften: Selbst wenn das Kind ein digitaler Pfiffikus wird, leiden dadurch manuelle Fähigkeiten wie Schnürsenkelbinden oder auch Schwimmen. Übermäßiger Medienkonsum führt laut zahllosen Untersuchungen auch zu Symptomen wie motorischer Unruhe, Schlafstörungen und Konzentrationsschwächen.

Weiterer Schaden kann entstehen, wenn das Smartphone als Beruhigungsmittel für quengelige Kinder verwendet wird. Gibt man das Handy dem Kind, damit es ruhig ist, verstärkt man es in seinem Verhalten und das Kind lernt daraus, dass es nur quengeln muss, um unterhalten zu werden. Die Frage sollte in diesem Zusammenhang aber auch lauten, ob man sein Kind wirklich dem digitalen Babysitter überlassen will, ohne zu hundert Prozent die präsentierten Inhalte kontrollieren zu können. Den größten Einfluss auf die Erziehung der Kinder haben zu guter Letzt immer noch das soziale Umfeld, Eltern und andere Vorbilder in der unmittelbaren sozialen Umgebung.

Die Dosis macht das Gift

Was heißt das also für den Alltag? Ihr Kind wird nicht verdummen, wenn es mal kurz am Handy spielt oder eine kindgerechte Serie im TV anguckt. Wir Mütter wissen, dass manchmal Notsituationen auftauchen, in denen die elterlichen Nerven es verlangen, dass man die Kinder kurz vor dem Fernseher parkt. Mea culpa! Ich gestehe, ich habe es getan! Man denke an kranke Kinder. Oder lang anhaltendes Schlechtwetter gepaart mit quengelnden Kindern und dem Besuch der Schwiegermutter. Wir alle kennen das. Und wer sagt, dass seine Kinder nie mit Medien in Kontakt kommen, ist vermutlich gar nicht so ehrlich zu sich selbst. Fakt ist aber: Der Medienkonsum sollte immer eine Ausnahme sein und auf ein Minimum reduziert werden.

Kaufen Sie Spielzeuge, die keine Batterie benötigen. Je einfacher ein Spielzeug, desto besser. Und desto eher wird die Phantasie des Kindes angeregt. Reflektieren Sie Ihren eigenen Umgang mit Smartphone und Tablet und versuchen Sie, das Handy weit weg zu legen, wenn Sie mit Ihren Kindern spielen.

Unterwegs

Trotzanfälle zu Hause durchzustehen ist erst der Anfang. Bei einem Trotzanfall in der Öffentlichkeit kommt hinzu, dass man ganz schön viele Zuschauer hat!

Alle Menschen im Umkreis von 500 Metern haben dieses brüllende Kind im Fokus. Und die tuscheln selbstverständlich und denken sich insgeheim: »Was für eine Versager-Mutter. Die hat ihre Kinder offensichtlich nicht im Griff …«

Das ist natürlich absoluter Blödsinn, aber so fühlt sich ein Wutanfall für Eltern in der Öffentlichkeit an. Er ist schlichtweg peinlich. Doch was denken Sie selbst, wenn Sie ein kleines Zornpaket an der Supermarktkasse ausrasten sehen? Vermutlich: »Tja – Trotzphase – da muss jeder durch.« Dann nicken Sie innerlich und fragen sich, ob Sie nun morgen Chili oder vielleicht doch Spaghetti kochen wollen. Kein Mensch kommt nach Hause und erzählt: »Also heute habe ich eine völlig überforderte Mutter im Supermarkt gesehen.« Und selbst wenn das jemand tut, dann hat er vermutlich selbst kein Leben.

Die Menschen sind generell mit sich selbst und ihren Problemen beschäftigt. Ein tobendes Kind ist eine kleine Randnotiz der Geschichte, die vielleicht kurz beachtet wird, aber keinen bleibenden Eindruck hinterlässt. Denn ein tobendes Kind ist schlichtweg normal.

Bevor Sie also in Panik verfallen, dass Ihr Kind beim Einkaufen so laut brüllt, dass die Sardinen in den Dosen zum Leben erweckt werden, bedenken Sie: Jeder, der selbst Kinder hat, fühlt wohlwollend und vielleicht sogar ein wenig schmunzelnd mit Ihnen. Und gerade dieser Gedanke nimmt der Situation schon einmal den ersten Schrecken. Denn ein zorniges Kind in der Öffentlichkeit gehört zum Alltag und ist natürlich genauso zu behandeln wie auch zu Hause. Wutanfälle gehören zum Aufwachsen dazu und sind ein wichtiger Entwicklungsschritt. Doch

wütend bist. Du wolltest den Schokoriegel gern haben.« Meiden Sie das Aber!).

Schimpfen Sie nicht mit Ihrem Kind, denn diese »Gehirnaussetzer« sind altersgerecht und Ihr Kind macht das nicht, um Sie zu ärgern. Im Gegenteil, es leidet selbst darunter. Zeigen Sie Verständnis und seien Sie für Ihr Kind da, selbst wenn es tobt und erst einmal nicht berührt werden möchte. Halten Sie sich dann zurück, aber bleiben Sie präsent.

Vermeiden Sie Situationen, die kippen können – stellen Sie sich also an der süßwarenfreien Kasse an und gehen Sie mit Ihrem Kind nicht hungrig und kurz vor Ladenschluss einkaufen.

Der Wutanfall Ihres Kindes geht niemanden außer Sie beide etwas an. Sehen Sie es positiv: Sie können endlich ungeniert in der Öffentlichkeit in der Nase bohren und niemand wird sie beachten, weil die Augen eher auf das Kind denn auf Sie gerichtet sind.

wer sich brüllende Kinder in der Öffentlichkeit ersparen will, dem sei gesagt: Vorbeugen ist auch hier die Devise. Und natürlich Ruhe bewahren.

Was ist das Problem in der Öffentlichkeit?

Wir haben – wie überall – ein Kind, das nicht anders kann. Ein Kind, dessen Gehirn gerade einen Kurzschluss hat und dessen Vernunft noch recht wenig entwickelt ist. Darum gewinnt jener Teil des Gehirns die Oberhand, der für Emotionen zuständig ist, und Ihr Kind verliert die Kontrolle über sein Tun. Daher sollten Sie in solchen Fällen genau diesen Teil des Gehirns ansprechen – also so handeln, dass Sie eher Emotionen als Vernunft ansprechen. Das geschieht durch ruhige, tröstende Worte (»Ich verstehe, dass du

Selber laufen oder: Der Weg ist das Ziel

Als Mutter kann man bei kleinen Besorgungen auf Kurzstrecken zwei Wege wählen: Entweder man schnappt sich den Nachwuchs und geht zu Fuß. Oder man stopft den Nachwuchs in den Buggy und schiebt das Kleinkind an den Ort des Geschehens. Bei Kindern in der Autonomiephase wählt man als Mutter sowieso immer den falschen Weg.

Denn: Lässt man den Kinderwagen zu Hause, so will das Kind mit an Sicherheit grenzender Wahrscheinlichkeit getragen werden. Und hat man es eilig und nimmt den fahrbaren Untersatz, möchte das Kind spätestens an der Hauptverkehrsstraße den Wagen verlassen und Hundehäufchen aus nächster Nähe bestaunen. Egal also wie – eine 500 Meter lange Spazierstrecke wird mit

Kleinkind zu einem Spießrutenlauf für Extremsportler.

Eine kurze Strecke sieht dann nämlich plötzlich so aus:

Anhand der Grafik wird leicht ersichtlich, dass es auf dem Weg zum Ziel durchaus einige Möglichkeiten für einen Trotzanfall geben kann: Da man als Elternteil den Entdeckergeist des Kindes nicht bremsen möchte, ist somit Geduld und vor allem Entschleunigung gefragt.

Das machen die anderen

Brigitte (32) Mama von Leo (3) und Clara (1)

In der Öffentlichkeit ist das natürlich echt peinlich. Man kann als Elternteil ja nichts dafür, trotzdem ist es mir unangenehm, wenn die Kinder ausrasten, wenn wir unterwegs oder bei Freunden sind. Wenn »Publikum« dabei ist, sage ich immer: »Ach, du bist schon müde, oder?«, auch wenn die Kinder gerade geschlafen haben. Es ist mir dann nicht mehr so unangenehm, wenn sie ausrasten.

Katrin (30), Mama von Tim und Clara (beide 5)

Trotzanfälle in der Öffentlichkeit? Äußerlich ruhig und gefasst, innerlich zitternd, verzweifelnd, manchmal wütend. Atmen, atmen, atmen und warten bis es vorbei ist. Was anderes hilft nicht wirklich ...

Lara (28), Mama von Leon (2)

Man muss aus der Situation raus, damit sich das Kind beruhigen kann. Im Notfall rein ins Auto.

Johanna (37), Mama von Mathilda (3)

Wenn mein Geduldsfaden schon überspannt ist, meide ich alle Situationen, die ihn zum Reißen bringen könnten. Papa bekommt die Einkaufsliste direkt per Handy geschickt und darf ohne Trotzkopf direkt von der Arbeit zum Supermarkt.

⬗ Der Weg ist das Ziel! Planen Sie mit kleinen Entdeckern daher unbedingt zusätzliche Zeit zum Erforschen und Staunen ein.

Warum?

Alles ist neu, alles ist aufregend, so ein Spaziergang ist für ein Kleinkind wie ein Besuch auf dem Jahrmarkt oder im Zoo: Es ist laut, bunt und unter freiem Himmel werden alle Sinne bedient. Es gibt so viel zu sehen, zu hören, zu riechen, zu entdecken. Kein Wunder also, dass man alles Neue ganz genau beobachten und begutachten möchte. Wird das Kind aus seinem Entdeckungsdrang gerissen, kann es leicht toben. Ginge Ihnen doch auch so, wenn man Sie schnell, schnell durch New York zerrte, während Sie noch mit offenem Mund unter den Wolkenkratzern stünden, oder?

Kinder leben im Hier und Jetzt. Wenn nun mal gerade eine Pusteblume am Wegesrand wartet, will sie auch jetzt untersucht, gepflückt und der Samen in alle Winde gepustet werden. Woher soll ein Kind denn wissen, ob diese Gelegenheit noch einmal kommt? Oder ob man auf dem Rückweg wieder daran vorbeikommt? Kinder wollen die Welt mit allen Sinnen begreifen und kennenlernen, ganz praktisch. Und in der Trotzphase kämpfen sie immer wieder darum, dass man sie lässt.

Was also tun?

Nehmen Sie sich Zeit! Wenn Sie zu Fuß mit einem Kind unterwegs sind, sollten Sie generell mindestens zehn Minuten mehr zum Staunen und Entdecken einplanen. Das nimmt Ihnen den Termin-druck und gibt dem Kind die Möglichkeit die Umgebung ein wenig zu erkunden. Generell gilt: Während Sie einen Schritt machen, muss Ihr Kind mindestens zwei bis drei Schritte tätigen. Schalten Sie also einen Gang zurück bei der Spaziergeschwindigkeit, damit Zeit zum Schauen bleibt. Ihr Kind ist ein wunderbarer Lehrer in Achtsamkeit, an dem Sie sich ein Beispiel nehmen können. Würdigen Sie die kleinen Dinge, die Ihnen auf Ihrem Weg begegnen.

So gelingt der Kompromiss

- Sehen Sie Spaziergänge als das was sie sind: ein Genuss, für den man sich Zeit nehmen sollte. Entdecken Sie gemeinsam mit Ihrem Kind die Umgebung – es wird Ihren Blick auf die Umwelt verändern!
- Verlassen Sie niemals mit müden oder hungrigen Kindern zu Fuß das Haus. Ihr kleiner Engel wird ziemlich sicher zu einem schäumenden Eichhörnchen mutieren.
- Vermeiden Sie stressige Situationen und Termindruck. Klingt nach einem Kunststück, lässt sich aber mit ein wenig Voraussicht durchaus planen.
- Sollten Sie auf den letzten Drücker unterwegs sein, nehmen Sie das Auto, dann hat Ihr Kind nicht so viele Reize, die die Wegstrecke verlängern können.
- Bleiben Sie cool, wenn Sie mal 10 Minuten zu spät zum vereinbarten Termin kommen. Jede Mutter wird Ihnen wissend und verständnisvoll zunicken.

⌃ Ist Ihr Kind müde oder hungrig? Vielleicht nehmen Sie – wenn es schnell gehen muss – doch besser das Auto... und kündigen Sie Ausflüge und Abfahrten immer rechtzeitig an.

Eins, zwei, drei im Sause-schritt oder: Das Buggy-Taxi

Es gibt zwei Fehler, die man machen kann, wenn man mit einem Trotzki (Kind in der Trotzphase) kleine Erledigungen machen möchte:

1. Man setzt das Kind in den Buggy, damit es nicht selber laufen muss.
2. Man lässt es selber laufen, damit es nicht im Buggy sitzen muss. Den Buggy hat man – nur so zur Sicherheit – trotzdem mit, sollte das Kind müde werden und nicht mehr selber laufen wollen.

Egal also für welche der Varianten Sie sich entscheiden sollten, es wird die Falsche sein. Denn: Ihr Kind wird vielleicht zu Beginn im Buggy sitzen, aber binnen weniger Minuten laut heulend verkünden, dass es das nun doch nicht mehr will. Das macht es besonders dann gerne, wenn Sie es eilig haben. Oder wenn Sie von fremden Menschen umgeben sind,

Das machen die anderen

Ella (32), Mama der Zwillinge Jakob (2) und Emil (2) und Hannah (3)
Es gibt ja diese Kinderleinen. Ich weiß, das ist nicht der Pädagogik letzter Schluss, aber wenn man mit drei Kindern unter drei Jahren alleine unterwegs ist, sind die eine wirkliche Erleichterung – vor allem im Straßenverkehr. Es entstresst mich. Wir haben uns statt der Leine für einen Rucksack entschieden, wo hinten ein kleiner Griff dran ist, das sieht dann auch nicht so schlimm aus.

Sandra (38), Mama von Clara (4)
Laufen und Spazieren ist bei uns immer ein Genuss. Ich nehme mir dann bewusst Zeit, weil ich weiß, dass Clara da viel entdecken will. Wenn ich gestresst oder genervt bin, fahre ich mit dem Auto.

Stephanie (26), Mama von Frida (2)
Meine Mutter wohnt ums Eck. Wenn wir zu ihr gehen, kommen wir an einem Garten mit vielen Gartenzwergen vorbei. Habe ich es eilig, nehme ich die Parallelstraße, dann kommen wir schneller vorwärts und Frida ist nicht enttäuscht, wenn wir mal ausnahmsweise nicht stehen bleiben und die Zwerge bestaunen.

Markus (33), Papa von Ruth und Ruby (beide 3)
Ich setze auf den Sportsgeist meiner Mädels. Wenn wir schnell vorwärts kommen müssen, setze ich Etappenziele: Wer ist als Erster an der Ampel? Wer kann schneller den Berg hochlaufen?

beispielsweise im Bus oder in der Straßenbahn. Dabei nimmt das Wehklagen ein Ausmaß an, dass man meinen könnte, der Buggy sei mit Nägel ausgekleidet und Sie wollten Ihr Kind zum Fakir ausbilden.

Oder aber es wird selber laufen und dann seinen Unmut darüber kundtun, dass es in den Buggy hineinwill. Doch wehe, Sie wollen das Trotzköpfchen dann wirklich in den Wagen setzen. Aber das hatten wir ja schon ...

Mit Zwillingen kommt das ganze Spektakel natürlich auf ein ganz anderes Niveau, denn die Kinder wollen abwechselnd etwas anders. Soll heißen:

1. Kind A will fahren: »Schneller, schneller«.
2. Kind B will laufen: »Warten! Warten!«

Ähnliche Szenarien ergeben sich auch für Kinder, die auf einem Buggyboard mit ihrem kleineren Geschwisterchen unterwegs sind – von manchen Eltern auch abschätzig als Trittbrettfahrer bezeichnet.

Das klingt schon schlimm? Dabei ist das Kind ja noch gar nicht angeschnallt! Nicht einmal ausgebildete australische Schafscherer werden eines rabiaten kleinen Trotzkopfs Herr, wenn dieser einfach nicht will, wie er soll. Das Kind windet sich und tritt, es schnaubt und tobt, es winselt und jammert. Während man bei Schafen einfach alle vier Beine zusammenbinden würde, um ans Werk zu schreiten, hätten Eltern bei einem ähnlichen Ansinnen bald Besuch vom Jugendamt. Sie können es natürlich auch sportlich sehen: Wer es fünfzig Mal hintereinander geschafft hat, sein Kind im Buggy anzuschnallen, kann getrost ein neues Leben als Schafscherer in Australien ins Auge fassen. Oder aber Sie können entspannt dem Winter entgegenblicken, in dem Sie Ihren kleinen Liebling in einen Fellsack packen werden.

Warum?

Ist Ihr Kind gerade am Spielplatz in sein Spiel vertieft und Sie wollen nach Hause? Eben waren Sie noch am Badesee und plötzlich sollen alle nach Hause? Logisch, dass da gebrüllt wird ...

Kinder wollen die Welt erkunden und entdecken. Eine Vielzahl von Faktoren wirken bei so einem Ausflug zusammen, die nicht einmal vordergründig etwas mit dem Gefühlschaos im Trotzkopfhirn zu tun haben. Wenn Sie das Haus nicht zügig genug verlassen, kann das beim Kind natürlich schon Unmut hervorrufen: Es ist zu warm angezogen, um herumzustehen und zu warten, und es würde vielleicht gerne das Spiel von gerade eben weiterspielen. Dann verlassen Sie das Haus und das Wetter ist unpassend und Sie treffen möglicherweise noch die klatschsüchtige Nachbarin, was den Aufbruch weiter verzögert. Je zügiger und zielgerichteter Sie aufbrechen und je klarer das Ziel ist, desto ruhiger wird es ablaufen.

Was also tun?

Ein Kind muss hinter dem Tun einen Sinn sehen können, und wenn es nur spielerisch ist. Geben Sie dem Kind also eine Aufgabe: Du passt jetzt auf die Einkaufstaschen auf, du musst mir ja tragen helfen. Lassen Sie das Kind den Buggy holen oder eine andere kleine Aufgabe erledigen. Damit wird der Ausflug von einem »Ich nehme dich mit« zu einem »Wir gehen gemeinsam«. Fragen Sie ihr Kind vor dem Aufbruch ruhig ein, zweimal, ob es jetzt mitkommen möchte, um Blumen/Milch/Erdbeeren zu kaufen. Locken Sie es, indem das Kind sich dann etwas aussuchen darf.

So gelingt der Kompromiss

- Kündigen Sie Ausflüge und Abfahrten zeitgerecht an.
- Vermeiden Sie Stresssituationen und Zeitdruck.
- Ihr Kind will am Spielplatz noch zwei Mal rutschen? Kein Problem – die Zeit haben Sie auch noch!
- Geben Sie Ihrem Kind eine Aufgabe: »Bitte hilf mir, indem du ...«
- Ihr Kind will nicht laufen, sondern nur im Buggy sitzen? Machen Sie kleine Bewegungsspiele: »Wir gehen fünf Schritte und dann STOPP. Wir gehen vier Schritte und dann hüpfen wir.«.
- Müssen Sie das Kind wirklich anschnallen oder sitzt es schon gut genug?
- »Willst du im Buggy sitzen oder soll Teddy darin sitzen?« Ihr Kind wird bald eine Entscheidung treffen.

Im Auto oder: »Sind wir schon da?«

»Wenn jemand eine Reise tut, so kann er was erzählen«, schrieb der Dichter Matthias Claudius vor gut 200 Jahren. Der hatte zwar 12 Kinder, aber vermutlich reiste er alleine – und er wusste auch warum.

Selbst ein spontaner Ausflug muss zumindest minimal geplant sein. Früher stiegen wir ins Auto und fuhren einfach los, nur um uns nach 10 Minuten zu fragen, ob wir auch den Herd abgedreht hatten. Heute fragen wir uns viel mehr.

Die Ankündigung des Ausflugs kann zu enthusiastischer Ekstase führen oder zu hysterischer Totalverweigerung. Leider lässt sich im Vorfeld kaum herausfinden, was davon es sein wird. Wir haben wirklich alles probiert: Das Gespräch auf die Oma gelenkt, die wir sooo lange nicht mehr gesehen haben und dass es schön wäre, sie mal wieder zu sehen. Viermal haben wir es damit probiert, zweimal wurde dieses Ansinnen mit Ekstase, zweimal mit Verweigerung quittiert.

Wir haben die Rahmenbedingungen variiert: Abfahrt zu unterschiedlichen Zeiten, früher oder später ankündigen, die Kinder einfach so anziehen und ins Auto setzen oder in aller Ausführlichkeit erklären, was wir vorhaben; die Reaktionen blieben gleich unvorhersehbar. Kind 1 klammert sich hysterisch brüllend an den Türrahmen und schreit: »Ich will aber nicht zur Oma!«, als wäre diese ein Kinder fressendes Monster, während Kind 2 schon im Auto sitzt und aus vollem Halse brüllt: »Ich will losfahren! Los, los, los!« Ich rede

noch auf Kind 1 ein (»Das wird aber nett und lustig.« »Ich will aber nicht lustig sein, ich will hier bleiben!!«) während der beste Ehemann von allen Kind 2 bearbeitet (»Wir fahren ja gleich.« »Nicht gleich – sofort!«).

Das machen die anderen

Edith (36), Mama von Paul (3)

Wenn's schnell gehen muss, dann muss Paul eben in den Buggy. Damit ihm nicht langweilig wird, spielen wir »Blinker«: Er darf abwechselnd die Arme ausstrecken und so machen wir dann kleine Mini-Kurven am Gehsteig. Seitdem liebt er das Buggyfahren.

Claudia (38), Mama von Felix (4) und Antonia (5)

Meine Kinder waren immer so faul. Die wollten gar nicht selber laufen, sondern immer im Buggy geschoben werden. Zu Spaziergängen konnte ich sie prinzipiell nur überreden, wenn ein Spielplatz in Sichtweite war ...

Stefan (42), Papa von Julius (3)

Eine Alternative zum klassischen Buggy ist das Laufrad. Die Kinder können sich – auch wenn sie müde sind – relativ einfach fortbewegen.

Sabine (34), Mama von Greta (3) und Gabriel (2 Monate)

Das letzte halbe Jahr war es einen Krampf, Greta in den Buggy zu bekommen. Seit der Geburt von Gabriel sind wir wieder auf den Kinderwagen umgestiegen: Gabriel liegt im Wagen, Greta steht auf dem Buggyboard und ist stolz, jetzt die Große zu sein. Und nebenbei kann sie noch in den Wagen schauen und singt für ihren Bruder oft ein Lied.

Annika (28), Mama von Leni (2)

Wir hatten nie einen Kinderwagen oder Buggy, weil wir Leni immer getragen habe, erst vor dem Bauch und nun schon länger nur noch auf dem Rücken. Ich konnte die Szenen immer nur bei anderen Familien beobachten und war heilfroh, diese Dramen nicht selbst erleben zu müssen. Leni ist total kooperativ. Sie sucht sich morgens ein Tragetuch aus, das ich den ganzen Tag dabei habe. Und wenn sie nicht mehr laufen kann oder wir schnell vorankommen müssen, lässt sie sich problemlos einbinden.

Endlich im Auto, gehen der beste Ehemann und ich noch schnell die Checkliste für die Autofahrt durch – aufgrund der Lautstärke der Kinder teilweise in Gebärdensprache. Nachdem wir alle notwendigen Stofftiere, Spielzeugautos, Ersatzkleidung und Essensvorräte kontrolliert haben, kann es zu den Klängen der Lieblingskinderlieder-CD endlich losgehen. Zwischen »1, 2, 3 im Sauseschritt« und dem zumindest leicht rassistischen »Drei Chinesen mit dem Kontrabass« schießt mir glühend heiß ein Gedanke durch den Kopf: Ich habe den Herd nicht abgedreht!

Warum?

Autofahren ist einerseits ein Abenteuer und schränkt andererseits den natürlichen Bewegungsdrang der Kinder ein. Als Erwachsene wissen wir nicht immer genau, wie gerade der innere Plan der Kinder aussieht – wollen sie heute lieber Stubenhocker oder Abenteurer sein? Die Revolte gegen die Ausfahrt richtet sich nicht gegen die Oma, die man besuchen möchte, sondern gegen die Autofahrt an sich und damit gegen die Störung des Tagesablaufes. Besonders lange Urlaubsfahrten können für alle Beteiligten

Das machen die anderen

Sigismund (37), Papa von Elias (2) und Nora (4)
Diese kleinen Fernseher im Auto sind die Rettung für jede Urlaubsfahrt – pädagogisch fragwürdig, aber effektiv. Ich sehe das so: Im Flugzeug gibt's ja auch ein Board-Entertainment.

Annette (25), Mama von Noah (3)
Auf langen Fahrten singen wir Kinderlieder und spielen Spiele, wie etwa »Welche Farbe hat wohl das nächste Auto«? An der Rückenlehne hängt immer ein Beutel mit Bilderbüchern.

Claudia (28), Mama von Peter (2)
Pausen, Pausen und nochmals Pausen, und ruhig mal von der Autobahn runterfahren. Wenn andere sechs Stunden fahren, brauchen wir mindestens acht. Dafür kommen wir entspannt am Ziel an.

Maria (34), Mama von Hugo (5) und Emma (2)
Wenn wir zu Oma und Opa fahren, machen wir immer einen Zwischenstopp bei McDonald's. Das wissen die Kinder und lassen sich damit »bestechen«.

Thorsten (40), Papa von Marie (3)
Längere Strecken fahren wir generell nur abends. Auch wenn es erst mal Theater gibt, nach höchstens einer halben Stunde ist die Kleine eingeschlafen und wir kommen entspannt an.

anstrengend werden, wenn man einige Grundregeln außer Acht lässt.

Was also tun?

In der Ruhe liegt die Kraft. Eltern sollten eigentlich um die Unplanbarkeit des Alltags wissen, vergessen dies aber manchmal, sobald es um längere Fahrten geht. Nehmen Sie sich also Zeit für die Planung und erzählen Sie den Kindern rechtzeitig davon. Bei einer längeren Urlaubsfahrt können Sie ruhig schon ein bis zwei Wochen vorher anfangen, Stimmung zu machen. Damit wird eine mögliche Unruhe zu einer gespannten Vorfreude und der Urlaub zu dem, was er eigentlich sein sollte: eine kleine Flucht aus dem Alltag.

Auch bei kleineren Ausflügen lohnt es sich, die lieben Kleinen einzubeziehen. Senden Sie Ich-Botschaften aus und planen Sie die »Reise« gemeinsam. Ihren Kindern können Sie Alternativen anbieten, damit sie auch ein Wörtchen mitzureden haben: »Sollen wir jetzt gleich die Oma besuchen oder möchtest du erst noch zu Ende spielen?« oder »Ich muss gleich noch einkaufen. Sollen wir mit dem Auto fahren oder möchtest du lieber im Fahrradanhänger sitzen?«

So gelingt der Kompromiss

- Planung ist das halbe Leben – bedenken Sie den Wach- und Schlafrhythmus der Kinder. Es ist für alle Beteiligten durchaus angenehm, wenn die Kinder einen Teil der Strecke verschlafen.
- Nehmen Sie Kekse und Wasser als Proviant mit.
- Fahren Sie mit Kleinkindern nicht mehr als 500 Kilometer ohne Zwischenübernachtung. Tun Sie sich selber und den Kindern das nicht an.
- Legen Sie Pausen ein für den Bewegungsdrang der Kinder.
- Vermeiden Sie Staus – oft kann man diese mit dem Navi gut umfahren.
- Egal ob Kinderlieder-CDs oder Bilderbücher: Sorgen Sie für ein adäquates und abwechslungsreiches »Board-Entertainment«. Das erwarten Sie ja schließlich auch im Urlaubsflieger.

Tiefenentspannt in drei Minuten

Je ruhiger und rationaler ein Erwachsener auf einen Trotzanfall reagiert, desto schneller ist er vorbei. Das ist allerdings schwierig, wenn man selbst innerlich kocht. Entspannung hilft!

Richtig atmen

Die meisten Vorgänge in unserem Körper, wie etwa Herzschlag, Verdauung oder Harnproduktion, können wir willentlich nicht beeinflussen. Eine Ausnahme ist die Atmung, die wir in Grenzen steuern können. Da sich die Atmung ihrerseits auf die Herzfrequenz auswirkt, haben Sie sogar die Möglichkeit, durch langsames Atmen Ihren Herzschlag zu drosseln und damit einen inneren Entspannungszustand zu erlangen. Indem Sie sich auf die Atmung konzentrieren, lenken Sie sich zugleich von inneren und äußeren Stresssituationen ab, weil Sie sich – wenn auch nur kurz – auf sich selbst konzentrieren.

Menschen atmen normalerweise 8- bis 12-mal pro Minute ein und aus. Beobachten Sie sich selbst in einer Stresssituation mit Ihrem Kind, wie oft Sie atmen. Atmen Sie tief durch die Nase ein und halten Sie zwei Sekunden lang inne. Durch die Nasenatmung kann die Luft gereinigt, befeuchtet und erwärmt werden. Durch die Schmalstellung der Nase erhält die einströmende Luft einen Widerstand, wodurch die Einatmung verlangsamt und verlängert und die Zwerchfellatmung angeregt wird. Die Luft verweilt länger in den Lungen, die Durchblutung und Lüftung von Lunge und Herz wird verbessert und die Sauerstoffzufuhr zum Gehirn erhöht. Atmen Sie dann auch wieder durch die Nase aus und konzentrieren Sie sich auf Ihre Atmung. Lassen Sie nach dem Ausatmen einen Moment der »Atemstille« zu, bis Ihr Körper wieder nach Einatmung verlangt. Halten Sie nach dem Einatmen nicht die Luft an, sondern wechseln Sie nahtlos zur Ausatmung über. Spüren Sie, wie die Anspannungen und der Stress aus Ihrem Körper fließen. Wiederholen Sie das ganze fünf Mal.

Schultern fest nach unten drücken

Setzen Sie sich aufrecht auf einen Sessel. Beide Fußsohlen stehen auf dem Boden.

⬙ Schneiden Sie Grimassen vor dem Spiegel! Das entspannt!

Konzentrieren Sie sich auf Ihren Körper, und spannen Sie so viele Muskeln an wie möglich. Drücken Sie Ihre Schultern ganz bewusst und fest nach unten. Halten Sie die Spannung sieben Sekunden (das ist etwa so lange, wie Sie brauchen, um sich langsam vorzusagen »halten ... und halten ... und halten«). Lassen Sie dann locker, und spüren Sie, wie sich Ihr Körper jetzt anfühlt: Er ist gelöster und entspannter. Wiederholen Sie diese Übung noch ein- bis zweimal.

Künstliches Lächeln

Probieren Sie es doch einfach: Lächeln Sie in Stresssituationen, auch wenn Ihnen dazu nicht zumute ist: Gerade wenn die Kinder brüllen und dann auch noch das Telefon klingelt, sollte man lächeln.

Untersuchungen zufolge mobilisiert selbst künstliches Lächeln den Gesichtsnerv, der dem Gehirn das Gefühl von Heiterkeit übermittelt. Das wird etwa auch beim Lach-Yoga vermittelt: Dabei lachen Menschen künstlich – irgendwann schwenkt das künstliche Lachen in echtes um, ganz nach dem Motto »Fake it, till you make it!« Umso breiter das Lächeln, desto stärker wirkt die Stimulation und desto entspannter wird man, denn wer lacht, denkt nicht.

Tagträumen

Der Alltag mit Kindern ist stressig, die Auszeiten fehlen. Nehmen Sie sich beim Zähneputzen oder beim Kochen, auf dem Spielplatz oder auch bei der Arbeit immer mal wieder eine Minute Zeit, um aktiv zu entspannen und abzuschalten und in die Luft zu gucken. Dieser einminütige Urlaub zwischendurch wirkt wahre Wunder. Zum Beispiel können Sie Ihren ganzen Körper recken und strecken, bis in die Zehenspitzen. Atmen Sie dabei ganz tief und bewusst. In hektischen Zeiten können Sie zwischendurch abschalten, indem Sie Ihre Umgebung ganz bewusst wahrnehmen. Schauen Sie sich um und beachten Sie jedes Detail. Selbst an Orten, an denen Sie sehr viel Zeit verbringen, werden Sie noch viel Neues entdecken. Sie können auch Ihr Kind beim Spielen beobachten und ganz genau seine Gesichtszüge fixieren: Jedes Härchen der Augenbrauen genau anschauen. So kommen Sie auf andere Gedanken und werden für kurze Zeit Ihren Stress vergessen. Auch gut: ein Blick aus dem Fenster in die Ferne. Oder in den Himmel. Wer sich diese Tragträumereien hin und wieder gönnt, wird generell entspannter sein.

Sex

Zugegeben, es ist schwierig, sich während des Trotzanfalls eines Kindes mit dem Liebsten zu vergnügen. Wir sprechen aber von Sex als Stressprävention, denn Sex entspannt. Und so ein Orgasmus dauert nicht mal zehn Sekunden und macht uns fit für die Bürden des Alltags. Aktuelle Studien zeigen, dass uns Sex mehr entspannt als Yoga: Denn Erregung und Orgasmus lassen die Hormondrüsen auf Hochtouren arbeiten. Der gesamte Organismus wird angespannt und danach zutiefst entspannt – viele psychische Verstimmungen entstehen

auch durch aufgestaute Aggressionen und können durch Sex abgebaut werden. Wer sich also regelmäßig der Lust hingibt, wird weniger schnell auf der Palme sein, wenn das Kind wieder einmal einen Wutausbruch bekommt. Das erklärt übrigens auch das Sexverbot für Sportler, etwa für Boxer vor dem Kampf. Sie sollen nicht besänftigt, sondern aggressiv sein und Biss haben. Deshalb ist Sex vor dem Clinch tabu.

Kein Multitasking

Bin ich eigentlich die Einzige, die ihre E-Mails am Smartphone während des Zähneputzens checkt? Vermutlich nicht. Während des Einkaufs organisiere ich Arzttermine, die Waren werfe ich dann mit Schmackes in den Wagen, während ich darauf achte, dass sich die Kinder nicht gegenseitig umbringen. Und beim Fernsehen chatte ich via Facebook mit meinen Blog-Leserinnen oder beantworte Leserbriefe. Damit ist jetzt Schluss, denn Multitasking erschöpft das Gehirn! Wir erbringen weniger Leistung, wir sind leichter abgelenkt und öfter reizbar. Gegen diese Art der Müdigkeit bis hin zur Erschöpfung hilft, genauso wie nach langer körperlicher Anstrengung, einfach nur Ausruhen. Den mentalen Muskel entspannen, meint Daniel Goleman in seinem Buch »Konzentriert euch!«. Und wer sich auf nur eine Sache konzentriert, wird weniger gereizt sein und Trotzsituationen leichter ertragen.

Ein Lied singen

Die aufgestaute Energie muss raus, singen Sie also Ihr Lieblingslied – laut und deutlich. Das hat zwei äußerst interessante Effekte: Singen vertieft die Atmung und es kommt daher zu einer besseren Sauerstoffversorgung der Körperorgane und des Gehirns, bis hinein in jede Körperzelle. Beim Singen wird auf ganz natürliche Weise unsere Zwerchfellatmung aktiviert, was zu einer besseren Entgiftung des Körpers führt und Entspannung fördert. Dass Singen glücklich machen kann, zeigt die Zunahme der Glücksindikatoren Serotonin, Noradrenalin und der Beta-Endorphine beim Singen von Lieblingsliedern in einer Studie des Musikpsychologen Thomas Biegl. Beim Singen kommt es zu einem raschen Abbau der Stresshormone Kortisol und Adrenalin. Der Gedankenstrom wird unterbrochen und wir kommen innerlich zur Ruhe in eine Art Achtsamkeit und Gegenwärtigkeit. Sollten Sie in der Öffentlichkeit sein, kommt so eine kleine Arie an der Kasse mitunter eigenartig an. Sie können aber auch innerlich ein Lied summen – das klappt ebenso. Positiver Nebeneffekt: Ihr Kind ist vielleicht durch das plötzliche Lied so überrascht, dass es erstaunt aus seinem Wutausbruch aufblickt.

Flucht

Bevor Ihnen der Kragen platzt, gehen Sie kurz vor die Tür oder ins Nebenzimmer – im Zweifelsfall funktioniert auch die Mini-Flucht aufs Klo. Nehmen Sie sich diese Auszeit ganz bewusst. Sie sollte natürlich nicht lange dauern, aber atmen Sie tief durch und finden Sie Ihre Mitte. Ja, bei lautem Kindergebrüll ist das schwierig. Im Idealfall übergeben Sie das Kinder-Kommando kurz an Papa oder Oma. Sind diese nicht greifbar, müssen die Kinder eben zehn Sekunden ohne Sie auskommen. Ist nicht die ideale Lösung, aber besser als ein Nervenzusammenbruch allemal.

Grimassen schneiden

Nehmen Sie eine kurze Auszeit im Bad und schneiden Sie vor dem Spiegel die schlimmsten Grimassen, die ihre Gesichtsmuskeln hergeben. Rollen sie die Augen im Uhrzeigersinn. Machen Sie solche Grimassen, dass Sie sich im Spiegel selbst nicht wiedererkennen. Gesicht verziehen, Zunge raus, Augen verdrehen, gleichzeitig mit den Ohren wackeln, wenn Sie es können – einfach alles, was Ihnen so möglich ist. Sie entspannen damit nicht nur Ihre Muskeln, Sie müssen wahrscheinlich auch über sich selbst lachen und können danach besser mit der Trotzsituation umgehen.

Digital detox

Verzicht ist der neue Luxus in unserer Überflussgesellschaft, egal ob beim Essen oder beim Einkaufen. Und wissen Sie was? So richtig schön ist das Leben erst ohne Smartphone und Fernseher! Mein Mann und ich waren nach einem Urlaub im Funkloch dermaßen entspannt wie schon lange nicht mehr. Da kann man Augenblicke wieder bewusst erleben und nicht filmen und fotografieren. Wenn man die Elemente spürt und die Sonnenstrahlen in der Nase kitzeln. Wenn man den Hummeln beim Tanz durch die Lüfte zuschaut. Herrlich. Und die Kinder liebten es auch.

Unterwegs mit Bus und Bahn oder: Zug um Zug ins Unglück

Wann haben Sie sich das letzte Mal so richtig geniert? Schon zu lange her? Schon lange nicht mehr von wildfremden Menschen fragwürdig angeschaut worden, denen Sie aber auch nicht entfliehen können? Dann schnappen Sie sich doch Ihre Kinder und fahren Sie mal wieder mit der Bahn! Es wird ein unvergessliches Erlebnis. Versprochen!

Eine Zugfahrt beginnt immer mit dem Betreten des Bahnhofs. Das ist für das Kind eine neue Welt mit neuen, fremdartigen Eindrücken. Da vorne links riecht es verlockend nach Kebap, weiter hinten rechts mischen sich kandierte Mandeln hinzu, und knapp vor uns riecht es nach Erbrochenem. Ein buntes Potpourri von Düften und Menschen also, von Eindrücken und Sinneswahrnehmungen.

Egal wie groß die Bahnhofsoffensive, egal wie architektonisch berauschend die Neubauten – das Publikum bleibt gleich. Das brauche ich meinem Kind aber nicht zu erklären und ziehe es deshalb liebevoll, aber bestimmt weiter in Richtung Kartenschalter. Ich bin noch ein Mensch altmodischen Schlags, der hin und wieder mit anderen Menschen spricht, um Informationen zu erhalten. Da ich beruflich ja sowieso ständig vor dem Rechner sitze, um Blogbeiträge zu schreiben, ist

so ein Kontakt nach außen ja hin und wieder ganz nett.

Am Schalter angekommen will sich mein Kind losreißen, um alles Neue zu inspizieren, während die Dame schnell ihre Vorzüge verspielt, KEIN Computer zu sein.

Dame: »Bitte?«
Ich: »Einmal nach München, bitte. Schatz, bleib da!«
Kind: »Mpfffmppff ... Pizza ... mopff.«
Dame: »Einmal Nizza. Mit Retour?«
Ich: »Was? Wie? Nein, München, bitte. Mit ohne retour.«
Kind: »Was heißt retour?«
Ich: »Zurück. Wir fahren aber nur hin und nicht sofort wieder zurück.«
Kind: (plötzlich hysterisch brüllend) »Ich will aber wieder zurück!! Ich will wieder heim! Waaaahh!«
Dame: »Ich auch.«

Mein Frustlevel steigt, mein Blutdruck steigt und ich selbst steige die Stufen hinauf Richtung Bahnsteig. Leider zum falschen, wie ich auf halbem Weg erkenne.

Mitten auf den Stufen brüllt mich mein kleiner Strumpfhosendiktator deshalb an, dass er aber jetzt schon gerne weitergehen will. Mir entfährt lautstark: »Ich will aber verdammt noch mal gar nicht nach Budapest!«

Entsetzt starren mich die Fahrgäste an, die an uns vorbei gehen. Ich murmele nur verlegen: »Eine schöne Stadt ... schönes

Land, dieses Ungarn ... Salami und so« und packe meinen Nachwuchs unter den Arm, eile die Treppen wieder hinunter (quasi retour) und wenige Meter weiter hinten die nächsten hinauf.

Die folgenden drei Stunden im richtigen Zug führen immerhin dazu, dass ich neue Bekanntschaften schließe, mit denen ich intensivst Tipps zur Fleckentfernung bespreche, während Junior unbeirrt davon

weiter mit Joghurt um sich spritzt. Dem Schaffner erklärt der Sohn, dass ich gar nicht seine Mutter sei, sondern nur »so eine Frau«, und ein älteres, kinderloses Ehepaar erklärte mir im 15 Minutentakt, dass es »sowas früher nicht gegeben hätte«.

Warum?
Caramba! So ein Bahnhof ist großes Kino! Da geht ordentlich die Post ab –

Das machen die anderen

Leonie (32), Mama von Lotta (3) und Frida (2)
Bahnfahren? Das lieben die! Da hatten wir noch nie Probleme! Schlimm wird's nur, wenn man auf dem Zugklo wickeln muss – da sollte man gut ausgestattet sein.

Friederike (39), Mama von Johannes (3)
Ein Klassiker, der sich auf allen Reisen und bei Wartezeiten jeglicher Art immer wieder bewährt: Ich sehe was, was du nicht siehst. Das könnte mein Kleiner ewig spielen.

Stefan (44), Papa von Isabelle (7), Charlotte (5) und Paula (2)
Wir versuchen immer, weit im Voraus zu buchen. Oft können wir dann sogar Plätze im Kleinkindabteil ergattern.

Manuela (33), Mama von Justus und Finn (beide 3)
Mit öffentlichen Verkehrsmitteln meide ich alle Stoßzeiten. Wir fahren weder zur Rush Hour noch Freitagabend oder Sonntagabend. Müde oder geschaffte Pendler und aufgedrehte Kleinkinder sind nämlich eine ganz blöde Kombination!

Therese (27), Mama von Alexander (2)
Wenn alle Stricke reißen – oder besser noch kurz davor! –, schnappe ich mir Alex und wir schlendern durch den ganzen Zug bis zum Bordrestaurant. Erstens bekommt er so etwas Bewegung, es gibt was zu sehen und zur Belohnung dann eine Apfelschorle für ihn und einen Kaffee für mich.

dort spielt das Leben, dort steppt der Bär. Kurzum: Es gibt verdammt viele Sinneseindrücke und viel Neues. Weil man ja im Normalfall gar nicht so oft auf Bahnhöfen unterwegs ist, ist es natürlich ein absoluter Ausnahmezustand. Und dann auch noch so viele Regeln befolgen: An der Hand bleiben, und dann auch noch weder Teddy noch Überblick verlieren.

Was also tun?

Gerade bei Strecken, die man in Bahn oder Bus zurücklegt, handelt es sich ja oft nicht um spontane Touren (mit Kindern ist man ja prinzipiell sowieso nicht mehr spontan). Kaufen Sie Tickets also vorab und lassen Sie genug Zeit für etwaige Stolperfallen (volle Windel, falsches Bahngleis). Falls dieser Zeitpuffer nicht für Notfälle draufgeht, kann man auch wunderbar mit den Kindern all die Menschen und das Getümmel am Bahnhof beobachten.

So gelingt der Kompromiss

- Planen Sie längere Trips mit der Bahn gut voraus.
- Lassen Sie sich ein Zeitpolster, damit Sie Unvorhergesehenes locker wegstecken.
- Ziehen Sie den Kindern bequeme Kleidung an.
- Nehmen Sie ein Unterhaltungsprogramm für sich und die Kinder mit. Oder spielen Sie mit den Kindern während der Zugfahrt »Ich sehe was, was du nicht siehst …«

- Versuchen Sie, ein Kinder-Abteil zu ergattern (kann man vorab reservieren).
- Nehmen Sie nur den faltbaren Buggy mit – mit allen anderen Kinderwagenarten werden Sie unglücklich.
- Meiden Sie Stoßzeiten!

Im Fahrstuhl oder: Wer drückt, gewinnt

Knöpfe sind etwas Magisches, Anziehendes, Faszinierendes – zumindest aus der Sicht von kleinen Kindern. Jeder Knopf will zuerst begutachtet, dann gedrückt werden, um anschließend zu beobachten, was das Drücken genau auslöst. Meistens löst es Verzweiflung auf Seiten der Eltern aus. Besonders dann, wenn man sich gerade in einem Fahrstuhl befindet.

Es ist egal, welchen Lift wir betreten, die Junioren starren ganz gebannt auf die Knöpfe. Junior 1 streckt beherzt einen Finger aus, um auch mal drücken zu dürfen. Ich hebe ihn hoch, zeige auf den Knopf mit der Nummer 3 und frage ihn liebevoll: »Möchtest du für uns drücken?« Junior nickt fromm, ich halte ihn näher. Und schneller, als ich schauen kann, schlägt er mit beiden Händen auf alle Knöpfe, inklusive Notstop und Alarmknopf zur Zentrale. Klingelnd bremst sich die Kabine ein und eine leicht genervte Stimme meldet sich am andere Ende der Leitung: »Sind Sie wirklich stecken geblieben und brauchen Hilfe oder haben Sie nur kleine Kinder

⬥ Durch Rückzug lernt Ihr Kind sich abzugrenzen und mit Konflikten umzugehen.

dabei?« Ich atme tief durch und antworte bestimmt: »Sowohl als auch.«

Die allererste Fahrt mit dem Fahrstuhl ist besonders aufregend. Da betritt man aus Kindersicht einen winzig kleinen Raum mit Spiegel, der sehr offenkundig kein Klo ist, wartet, bis die Tür von selber zugeht (was ausgesprochen spannend ist), und verlässt den Raum ganz woanders. Eine fliegende Besenkammer! Wie aufregend! Aus Elternsicht ist so eine Fahrt weniger positiv beladen. Es ist beengt, man ist zumeist schwer beladen und kann den Forscherdrang des Nachwuchses nur eingeschränkt gutheißen, zumal man ja nicht alleine im Lift ist. Es ist beachtlich, wie unentspannt Erwachsene reagieren können, die den Fahrstuhl wirklich als Fortbewegungsmittel ansehen, wenn man so eine kleine Notknopf-bedingte Pause einlegt.

Selbstverständlich kann man als Elternteil die lieben Kleinen diese Vorliebe für das Drücken von Knöpfen durchgehen lassen. Manchmal hingegen eskalieren Situationen ohne viel elterliches Zutun. Ein junger Mann im Anzug betritt den Fahrstuhl. Er blickt die Kinder angewidert an, diese zeigen ihm die Zunge. Kinder sind nun mal Anti-Establishment. Doch dann nimmt das Drama aus Kindersicht seinen Lauf: Dieser Schlipsträger, offenkundig kinder- und herzlos, drückt da einfach so die Taste 5. Ja, ist der denn des Wahnsinns? Knöpfe drücken dürfen doch nur Kinder! Und schon kommt die

lang gezogene Schnute, die Augen verengen sich zu Schlitzen und die Stimme bekommt diesen weinerlichen Unterton, der an Sirenentests erinnert. Der Schlipsträger drängt sich in die am weitesten entfernte Ecke, während ihr Liebling die Kabine mit der Spucke und den Tränen seines gerechten Zornes eindeckt. Ob es wohl bei Kindern auch irgendwo so einen Notaus-Knopf gibt?

Warum?

Die Trotzphase kennzeichnet sich bekanntlich durch das Streben nach Autonomie. Nachdem es Kleinkindern allerdings noch halbwegs schwerfällt, die Elektronik eines Aufzugs einzubauen oder einen Computer zu programmieren, sind die Tätigkeiten, die Kinder problemlos verrichten können, relativ eingeschränkt. Mithilfe in der Küche funktioniert eigentlich immer. Ebenso wie kleine Erledigungen im Haushalt. Eine wunderbare Gelegenheit, dass ein Kleinkind zeigt, was es kann, ist, einen Knopf zu drücken. Denn immerhin bringt man Mama und Papa dann in das nächste Stockwerk. Ziemlich cool, oder?

Außerdem überprüfen Kinder gern, ob das Prinzip von Ursache und Wirkung immer, wirklich immer gleich funktioniert. Landen wir jedes einzelne Mal auf unserer Etage, wenn wir auf den Knopf mit der Nummer 3 drücken? Oder kann es auch einmal passieren, dass wir dann im Keller landen? Wer in seiner wichtigen Arbeit als Qualitätsprüfer durch eine nörgelnde Mama oder einen drängelnden Papa gestört wird, reagiert nun mal wütend.

Was also tun?

Was soll's? Fahren Sie einfach jedes einzelne Stockwerk ab. Wenn sonst niemand im Lift ist, kann Ihr Kind doch alle Knöpfe

Das machen die anderen

Julia (32), Mama von Konstantin (3,5)

Vor dem Einsteigen verwickle ich Konstantin schnell in ein Gespräch über den Kindergarten oder den letzten Besuch bei den Großeltern und hoffe die ganze Fahrt hindurch, dass er vergisst, in einem Lift zu sein. Neulich war ich leider selber abgelenkt und er hat fünfmal hintereinander auf die »Tür auf«-Taste und gleichzeitig alle Stockwerke gedrückt, bis mich eine ältere Dame genervt mit dem Regenschirm angestupst hat.

Ralph (37), Papa von Julian (4)

Wenn wir ohne Mama unterwegs sind, darf Julian alle Tasten drücken, wenn er will. Ganz ehrlich: Ich bin selber dem Knöpfedrückalter noch nicht entwachsen, darum habe ich auch einen Chronographen.

Franziska (33), Mama von Georg (2,5)

Unser Kleiner darf jetzt hin und wieder auch selber drücken. Wenn wir die Oma besuchen, gibt es dort einen Fahrstuhl und da darf er dann selbst drücken – obwohl mein Mann ihn hochheben muss. Aber da ist Georg dann ganz stolz, weil er uns jetzt hinauf zur Oma gebracht hat. Und wenn der Fahrstuhl hält, ruft er laut: »Jetzt sind wir da!«

Susanna (27), Mama von Sabine (4)

Die Kleine ist im Fahrstuhl immer recht brav und zurückhaltend. Ich glaube ja, dass besonders Jungen gerne Knöpfe drücken und Mädchen froh sind, wenn was funktioniert. Mein Mann ist auch so ein ewiger Bastler und tauscht dauernd Lichtschalter und Glühbirnen gegen was »noch Effektiveres oder Cooleres« aus. Ich lass ihn da machen – Jungs brauchen Spielzeug.

Claudia (43), Mama von Martha (5) und Maximilian (4)

Ich teile es vorab gerecht auf. Maximilian darf draußen drücken und den Fahrstuhl holen. Martha kann schon Zahlen lesen und drückt dann im Fahrstuhl für uns die richtige Etage.

drücken, oder? Erklären Sie nur, dass der Notaus-Knopf tabu ist.

Irgendwann wird es jedem Kind langweilig, immer die Knöpfe zu drücken. Wie so oft kann man es also auch aussitzen und auf Zeit spielen.

So gelingt der Kompromiss

- Machen Sie vorher mit dem Kind aus, dass es einen Knopf drücken darf, und auch, welchen. Dabei kann man auch prima die Zahlen lernen.
- Lenken Sie Ihr Kind ab und verwickeln Sie es während der Fahrt in ein intensives Gespräch, das interessanter ist, als alle Knöpfe zu drücken.
- Manchmal sollte man einfach zu Fuß gehen. Klingt banal, ist aber effektiv und bei zwei Stockwerken auch gesundheitsfördernd.
- Wenn andere Personen drücken wollen, fragen Sie nach, ob ihr Kind stattdessen drücken dürfte. Hat den Vorteil: Falls die Person das nicht will, sind nicht Sie die Böse.
- Wenn es einen »Tür-zu«-Knopf gibt, kann das Kind diesen immer gefahrlos betätigen. Da fühlt sich das Kind wichtig und gebraucht.

Einkaufengehen oder: Todesfalle Süßwarenkasse

Wenn der Hunger groß und der Kühlschrank leer ist, gibt es zwei Mög-lichkeiten: Entweder man bestellt beim Chinesen des Vertrauens oder man geht mit einem Trotzkopf in den Supermarkt. Weil ich kein Glutamat mag, entscheide ich mich meistens für Letzteres.

Prinzipiell ist es ja so: Man betritt ein Geschäft, packt in den Wagen, was man braucht, bezahlt und fährt dann nach Hause. Mit trotzigen Kindern ist das natürlich völlig anders: Der Einkaufswagen ist schon vor der Shopping-Tour besetzt, weil das Kind nicht laufen möchte. Es will sitzen. Oder es will im Wagen das Surfen lernen. Zwischendurch will es aus dem Wagen klettern, weil wir am Schokoregal vorbeifahren. Schon nach den ersten paar Regalreihen macht sich also eine gewisse Unruhe in unserem Shopping-Mobil breit. Zumal sich das Kind nun auch noch für die Einkäufe zu interessieren beginnt: Es lutscht an der Mettwurst, drückt auf dem Mozzarella herum und schüttelt das Gurkenglas wie eine Schneekugel – selig, aber energisch.

Zwischen Dosenmais und Pfandglasrückgabe geht schließlich aus heiterem Himmel ein Heulkonzert los – mit Krokodilstränen, so groß, dass die australische Feuerwehr damit Buschbrände löschen könnte. In solchen Momenten muss man tun, was man eben tun muss: einen kühlen Kopf bewahren – oder dann doch gleich die Flucht nach Hause antreten. Ich reiße also Micky den Salatkopf aus der Hand, den er gerade Blatt für Blatt zerlegt

⌂ Der Klassiker unter den Trotzanfällen – nehmen Sie es gelassen …

und mit Rotz und Tränen überzieht, und hechte Richtung Kasse.

Ich höre Stimmen, die Sätze flüstern wie: »Oh mein Gott, die arme Frau!« oder auch: »Meine Güte, das arme Kind!«. Egal. Ich werfe einhändig die Einkäufe auf das Band und halte im anderen Arm das wütende Kind, das sich windet wie ein Aal.

Da stehe ich nun. Schweißnass. Eine junge Mutter, die mein Leid erkennt, springt an meine Seite, um mir die Orangen, die sich gerade aus der Tüte verabschieden, hinterher zu tragen. Kurz treffen sich unsere Blicke – Seelenverwandte!

Warum?

Gerade im Supermarkt sind kleine Kinder sehr vielen Reizen ausgesetzt, die sie im Trotzalter leicht überfordern. Hier gibt es so viel zu sehen, viele ungewohnte Stimmen, eigenartige Geräusche, fremde Menschen und knallige Farben. Der Supermarkt ist voller aufregender Gegenstände, die Kinder in der Autonomiephase am liebsten selbst erkunden und dabei auch das Verhalten der Erwachsenen imitieren. Ihr Trotzkopf möchte jetzt selbst einkaufen und Neues entdecken. Anders als beim Spiel mit dem Kaufladen zu Hause ist das Kind schnell überfordert und kommt an seine Grenzen.

Die Reizüberflutung und die vielen Regeln, die es doch bitte einhalten soll, fordert seinen Tribut und es kommt dann

eben zum Klassiker unter den Trotzsituationen: Dem Schreianfall im Supermarkt.

Generell ist die Frustrationstoleranz bei den Kleinen noch nicht stark ausgeprägt. Kommen Müdigkeit oder der große Hunger noch dazu, sinkt die Frustrationsgrenze noch weiter ab – übrigens auch bei Erwachsenen. Klassische Tipps wie »Ruhe bewahren«, »die Umgebung verändern« oder »die Kinder die Wut rausschreien lassen« funktionieren in der Öffentlichkeit natürlich oft nicht, weil für solche Maßnahmen Zeit und Nerven fehlen. Und vor allem ist der Platz dafür nicht da.

Was also tun?

»Hast du schon so großen Hunger wie ich? Schau mal, wir holen uns an der Brottheke gleich mal ein Käsecroissant.« Prinzipiell sollten Sie nie mit hungrigen oder müden Kindern einkaufen gehen, die mutieren nämlich zu unberechenbaren Zombies. Hilfreich ist es auch, wenn man die Kinder in den Einkauf mit einbezieht: »Kannst du bitte das Brot in den Wagen legen?« wäre schon ein guter Ansatzpunkt.

Bei einem ausgewachsenen Wutanfall in der Öffentlichkeit hilft nur eines: Kinder zur Seite nehmen und an einem stillen Ort beruhigen. Im Zweifelsfall geht das auch im Auto ganz gut. Wer den Supermarkt aber nicht sofort verlassen kann, sollte sich eine ruhige Ecke suchen (kleiner Tipp: Beim Katzenfutter und bei den Kondomen ist meist weniger los als bei der Milch), um das Kind aus der Situation rauszunehmen und von unnötigen Reizen abzuschirmen. Und auch wenn es noch so schwerfällt: ruhig bleiben. Nicht zu viel auf das Kind einreden, sondern ihm einfach zeigen: »Ich verstehe dein Verhalten zwar viel-leicht nicht wirklich, akzeptiere dich aber mit all deinem Kummer. Und ich bin für dich da und liebe dich trotz-dem.« Hier sind Gesten oft wirkungs-voller als Worte: Je ruhiger man einem Trotzanfall begegnet, desto schneller geht er vorbei.

Das machen die anderen

Sybille (27), Mama von Lucie und Lilly (3)
Wenn ich mit meinen Zwillingen ein-kaufen bin, dann schaue ich immer, ob wir einen Wagen mit Auto vorne dran bekommen. Dann streiten die beiden nicht darum, wer im Wagen sitzen darf und wer nicht. Ein Kind sitzt dann im Auto und das zweite Kind kann ich beschäftigen.

Christina (34), Mama von Konrad (3)
Prinzipiell lasse ich mir alles liefern. Ich tue mir das einfach nicht mehr an. Wenn ich alleine einkaufen gehe, dann hat das sogar was von Urlaub.

Alexander (38), Papa von Paul (3)
Ich lasse die Kinder eigentlich immer beim Einkaufen helfen. Sie dürfen das Brot in den Wagen geben oder das Obst auf die Waage legen. Damit sind sie gut beschäftigt. Das geht aber nur, wenn sie ausgeruht und fit sind.

Elisabeth (34), Mama von Jannik (3)
Meistens gehen wir nach dem Mit-tagsschlaf einkaufen. Da ist das Kind fit und ausgeschlafen und hat gute Laune. Meine Beobachtung: Je müder Kinder sind, desto mühsamer wird auch das Einkaufen.

Inge (34), Mama von Frederik (3)
Frederik darf direkt im Einkaufswagen sitzen, er beschäftigt sich dann immer ganz interessiert mit den Einkäufen. Das geht natürlich nur, wenn der Wa-gen nicht zu voll wird und keine rohen Eier in Gefahr sind.

Marion (34), Mama von Moritz (3)
Mich überfordern diese Wutanfälle total. Und es nervt mich auch unglaub-lich. Ich zähle also innerlich bis fünf und reagiere erst dann, sonst würde ich das Kind wohl selber anschreien und das will ich ja nicht.

So gelingt der Kompromiss

- Müde und hungrige Kinder mutieren im Supermarkt zu unberechenbaren Zombies. Meiden Sie daher den Einkauf auf leerem Magen und zu kritischen Uhrzeiten.
- Kinder im Alter von zwei bis drei Jahren gehen gerne einkaufen. Sie lieben es, Produkte in den Wagen zu legen und Sachen auszusuchen. Lassen Sie Ihr Kleinkind mitmachen und beziehen Sie es auch in Entscheidungen ein.
- In manchen Situationen, vor allem bei Zeitdruck, hilft nur konsequentes Vermeiden. Umfahren Sie die verlockenden Regale im Slalom.
- Lassen Sie Ihr Kind im Wagen sitzen und mit den Einkäufen spielen.
- Vorfreude ist die schönste Freude: Bewahren Sie sich die Einkaufshighlights wie Wursttheke oder Bäcker bis zum Schluss auf.
- Nehmen Sie Ihr Kind bei einem sehr schlimmen Wutanfall zur Seite und ermöglichen Sie ihm, sich weitgehend unbeobachtet zu beruhigen.
- Meiden Sie die Süßwarenkasse!

Im Restaurant oder: Einmal Pumuckl mit Schneewittchen!

Eltern wissen: Wenn der Boden zu Hause sauber bleiben soll, gibt es nur eine Möglichkeit – ein Restaurant besuchen. Dort können die Kinder das bestellen, worauf sie Lust haben, sie können sauen, was das Zeug hält und im Idealfall gibt es natürlich auch noch eine Spielecke. Doch Eltern und auch Lokalinhaber erleben bei Trotzköpfen oft ihr blaues Wunder.

Da Kinder bekanntlich Pizza und Pasta lieben, gingen wir mit dem Nachwuchs ins Kleinkind-Schlaraffenland, der Pizzeria des Vertrauens. Dort kennt man uns. Und da Italiener ja generell sehr kinderlieb sind, schätzt man uns sogar. So spazierte der Nachwuchs ins Lokal und bei der Bestellung wurde schnell klar, wir haben ein mittelschweres bis größeres Problem:

»POMMES!«, sagte Kind 1 mit großem Nachdruck.

Und Kind 2 fand das natürlich eine tolle Idee: »Ich will auch Pommes!«

Da es relativ schwierig ist, Pommes in einer Pizzeria zu bekommen, wurde uns schnell klar, wir müssen da gegensteuern, sonst hängen bald dunkle Wolken über Venezia.

»Du kannst Nudeln haben, Schatz! Oder Pizza. Oder Lasagne vielleicht?«, versuchte ich dem Kind eine Wahlmöglichkeit zu lassen.

»POOOOOMMMMES! Ich will POOOOOOOMMMMES!«, schnaubte Kind 1, während bei Zwilling 2 bereits beim Wort »Pommes« die Augen glasig wurden.

Das machen die anderen

Samantha (29), Mama von Leon (2)
Lieferservice. Oder alternativ Ablen-
kungsmaterialien wie Bücher, Handy,
Stifte, Playmobilfiguren, Autos oder
Karten mitnehmen. Im Notfall kann
man aus Bierdeckeln Häuser bauen
oder aus einem Schal einen Turban
wickeln. Für den kleinen Hunger gibt's
vor dem Essen ein Stück Brot.

Claudia (38), Mama von Fabian (2)
Ich bestelle gleich mit den Getränken
immer sofort eine Nudelsuppe. Die
kommt dann auch schnell und der erste Hunger ist dann weg. So kommt es
eigentlich nie zu großen Ausbrüchen.

Susanne (34), Mama von Ilvy (3)
und Felix (5)
Meine Kinder essen so gerne auswärts
und es klappt bis jetzt immer sehr gut.
Am besten funktioniert es beim Buffet.
Da kann man gleich anfangen, die Kinder müssen nicht warten und haben
viel zu sehen.

Mimi (30), Mama von Sandro
und Luisa (beide 3)
Was tun beim Trotzanfall im Restaurant? Tja: Ruhe bewahren und in sich
gehen. Dann beide Kinder schnappen
und auf die Toilette gehen und diese
erst wieder verlassen, wenn beide ver-

sprechen aufzuhören. Meistens hilft
bei uns nämlich ein Rausnehmen aus
der Situation ganz gut.

Kim (33), Mama von Lukas (1)
und Leah (2)
Zu Hause essen. Den Stress tu ich mir
nicht an. Dafür ist noch genug Zeit,
wenn die Trotzphase vorbei ist.

Verena (36), Mama von Mia (5)
und Jakob (2)
Kinder verleugnen und mit den
anderen verstört Blicke tauschen
und tuscheln, wem bloß diese lauten
Kinder gehören. Nein, Spaß beiseite
– man muss ruhig bleiben. Bringt ja
nichts, wenn jetzt auch noch die Eltern
die Nerven verlieren.

Markus (36), Vater von Clara (2),
Leo (3) und Anika (4)
Essengehen? Das können wir uns erst
wieder leisten, wenn die Rabauken
ausgezogen sind.

Vivienne (30), Mama von Amber (3)
Wir gehen öfter essen, gemeinsam mit
der Familie, mit Tanten, Onkeln und
deren Kindern. Wir bestellen immer so,
dass direkt zu den Vorspeisen für die
Erwachsenen auch das Essen für die
Kinder serviert wird.

Dabei hatten wir uns im Vorfeld doch so bemüht, gewisse Wörter zu vermeiden, die falsche Gelüste wecken könnten. Generell unterhalten mein Mann und ich uns nur noch in Buchstabiercodes, um die lieben Kleinen im Unklaren zu lassen. Ein Beispiel gefällig? Bester Ehemann von allen kommt vom Einkaufen heim, ausgestattet mit einer per SMS verfassten Liste, um ja nicht am Telefon Dinge beim Namen zu nennen.

»Hast du P-O-M-M-E-S gekauft?«
»Ja, G-E-R-I-F-F-E-L-T-E.«
»Ge-was?«
»R-I-F-F-F... nein, wart mal. Äh... Also, die mit den Wellen halt. Und außerdem noch P-U-D-D-I-N-G.«
»SCHO-K-O?«
»Nein, ich bin nicht k.o., wieso?«
»Nein, SCH-O-O-KO.«
Da brüllt aus dem Hintergrund äußerst bestimmt eine Kleinkindstimme: »ICH WILL SCHOKOPUDDING!«
»N-A, S-U-P-E-R!«

Es gibt eben Reizwörter, die ganz stark gefärbte Emotionen hervorrufen und ein Verlangen, das dem Kind selbst drei Sekunden zuvor noch gänzlich unbekannt und unbewusst war, zu einem brennenden Bedürfnis anwachsen lassen kann.

Aber zurück ins Restaurant. Seufzend schlagen wir die Speisekarte auf und erkennen mit einem Mal eine der letzten großen Wahrheiten unserer modernen Zeit: Warum tragen Kindermenüs wohl

so seltsam anmutende Namen wie »Pumuckl« (Spaghetti mit Tomatensauce), »Schneewittchen« (Hühnernuggets) oder »Die drei kleinen Schweinchen« (Bratwürstchen)? NATÜRLICH! Damit eben Eltern bestellen können, ohne Gefahr zu laufen, dass für die Zeit des Wartens das blanke Chaos ausbricht!

Selbstverständlich können Sie so wagemutig sein und einfach »Schnitzel mit Pommes« bestellen, aber auf Ihre eigene Verantwortung. Bei »Dornröschen mit Goldfäden« bleibt die Stimmung unter Garantie entspannter. Möglicherweise gibt es im Chinarestaurant deshalb die Zahlen bei den Menüs (»Einmal die 78, aber mit 11 statt mit 13«) und die italienischen Pizzen haben deswegen so eigenwillige Namen (»Einmal die Don Ciccio bitte und einmal die Mafiosi!«).

Warum?

Vorfreude ist die schönste Freude. Doch was, wenn dann plötzlich alles anders ist? Wenn es statt der erhofften Pommes nur schnöde Pizza gibt und die Leute am Nebentisch viel schneller ihr Essen bekommen als man selber? Und das bei knurrendem Magen? Außerdem ist so ein Restaurant ja ein Sinnesparadies: Ob Gerüche oder Geräusche – hier hat man ein kostenloses 4-D-Kino inklusive einer Dauerbeschallung.

Kein Wunder also, dass Kinder in Lokalen schnell reizüberflutet und überfordert sind, besonders dann, wenn sie Hunger haben.

Und zu Hause sehen sie ja wenigstens, dass Mama oder Papa am Herd stehen, den Tisch decken, eben etwas tun. Im Restaurant sitzt man nur am Tisch und wartet. Die Kleinen wissen ja noch nicht, dass der Koch bereits die Messer wetzt und die Pfanne auf dem Herd steht.

Was also tun?

Steht ein Restaurantbesuch wegen einer Familienfeier an, so lässt er sich gut planen: Die Kinder haben im Idealfall vorher eine Kleinigkeit gegessen und werden von Familienmitgliedern betreut oder haben Spielzeug dabei. Gehen Sie nie mit völlig ausgehungerten Kindern ins Restaurant, sondern wählen Sie in dem Fall lieber ein Bistro oder Buffet. Sollten die Kinder ob der vielen Eindrücke überfordert sein, nehmen Sie die Kinder aus der Situation – gehen Sie mit ihnen nach draußen oder im Zweifelsfall sogar ins Auto. Wenn alles nichts nützt, dann ab nach Hause. Wählen Sie ein Lokal mit Kinderecke oder Kinderspielplatz. Der Besuch eines Sterne-Restaurants macht mit Kleinkindern meistens wenig Sinn, weil sie ohnehin nur Nudeln oder Pommes essen wollen.

So gelingt der Kompromiss

- Schüren Sie keine falschen Hoffnungen oder Erwartungen: »Wir fahren jetzt in die Pizzeria – dort kannst du Pizza oder Nudeln essen.«
- Ihr Kind ist müde? Dann fahren Sie lieber nach Hause und nicht in ein Lokal.
- Wählen Sie ein kinderfreundliches Restaurant. Es reicht, wenn die Kleinen Ihnen das Leben schwer machen und nicht auch noch das Personal oder die anderen Gäste.
- Nehmen Sie Spielzeug mit, das dem Kind Freude bereitet. Buntstifte verbrauchen wenig Platz in einer Handtasche und sind ein wahrer Segen bei längeren Wartezeiten.
- Bestellen Sie gleich mit den Getränken eine kleine Vorspeise. So verkürzt sich die Wartezeit für Ihr Kind und es stillt den ersten Hunger.
- Ihr Kind will nicht ruhig sitzen? Gehen Sie eine Runde mit ihm durch das Lokal und lassen Sie es die neue Umgebung erkunden.

Sozialleben

Trotzanfälle im sozialen Miteinander sind herausfordernd.
Oft lassen sich diese Situationen nicht umgehen, machen Sie
also das Beste daraus.

Angst ist etwas Positives. Die Evolution hat sich schon etwas dabei gedacht, denn das Gefühl der Angst warnt Mensch und Tier vor Gefahren. Es war sinnvoll, dass unsere Vorfahren vor einem wilden Bison davongelaufen sind. Denn hätten sie das nicht getan, gäbe es uns nicht. Das Spektrum von Dingen oder Ereignissen, vor denen sich Menschen fürchten, ist individuell verschieden. Manche Menschen haben Höhenangst, andere mögen keine Spinnen. So unterschiedlich wie die Menschheit, so unterschiedlich sind unsere Ängste. Vor allem bei Kindern ist die Angst immer absolut ernst zu nehmen.

»Du musst doch keine Angst haben!« Hört ein Kind diesen oder ähnliche Sätze, wirkt das selten beruhigend, denn bei Angst hat der Mensch keine Wahl – er hat sie einfach. Es gibt keine Entscheidungsmöglichkeit für ein Gefühl, denn Gefühle sind da, wenn sie da sind. Stattdessen ist es wichtig, eine konstruktive Auseinandersetzung mit der Angst zu ermöglichen und die Kinder spüren zu lassen, dass Ängste etwas völlig Normales sind.

Was hat das Sozialleben nun mit Furcht, Gefahr oder gar Angst zu tun? Ganz einfach: Die grundlegende Komponente für Wutanfälle im Sozialleben ist wohl immer die Verlust- oder Trennungsangst. Egal ob ein Kind sich nun beim Kinderarzt vor einer Spritze fürchtet, Angst hat, ohne Mama im Kindergarten zu bleiben, oder ob es am Spielplatz seine Schaufel nicht abgeben will: Ihr Kind hat Angst und leidet in diesem Moment wirklich. Und die Wahrscheinlichkeit, dass es aus lauter Hilflosigkeit nun explodiert, ist sehr hoch. Was also tun?

fürchtet, und schafft ein positives Umfeld, in dem sich die betroffene Person nicht zu fürchten braucht. Es hilft also, wenn die Person, die die Situation miterlebt, nicht selber in Panik verfällt. Mit anderen Worten: BLEIBEN SIE RUHIG, wenn sich Ihr Kind davor fürchtet, im Kindergarten ohne Mama oder Papa zu sein.

Im Fall der Höhenangst wird man stückweise immer höher klettern. Vielleicht wird man irgendwann auf den Balkon im dritten Stock eines Hauses gehen. Oder später eine Aussichtsplattform erklimmen. Und die Person merkt: »Eigentlich gar nicht so schlimm da oben!« In jedem Fall wird man aber nicht alleine sein wollen, bevor man sich ganz sicher fühlt.

Um es besser verstehen zu können, nehmen wir als Beispiel einen Fallschirmsprung. Wie würde man jemanden, der Höhenangst hat, dazu bringen, aus einem Flugzeug zu springen? Gar nicht! Eben. Und wenn, dann würde man es langsam, sachte und sehr behutsam angehen. »Systematische Desensibilisierung« lautet dafür der Fachbegriff in der Psychologie. Er bedeutet nichts anderes als ein stückweises Heranführen an gewisse Situationen.

Wenn das bei Erwachsenen so ist, dann bei Kindern erst recht, oder? Ob Trennung vom Schnuller, Teilen des Spielzeugs, Trennung im Kindergarten oder Besuch beim Kinderarzt – bereiten Sie Ihr Kind auf das vor, was kommt. Nehmen Sie seine Ängste ernst und sprechen Sie über Erlebtes. Wenn Sie beim Zahnarzt sind, wollen Sie doch auch wissen, was in der nächsten Stunde in Ihrem Mund passiert, oder? Sie wollen wissen, was Sie erwartet, ob Sie Schmerzen haben werden oder wie oft sie noch kommen müssen. Und vermutlich werden Sie sogar auch im Vorfeld wissen wollen, was es kostet.

Im Fall der Höhenangst wäre es also angebracht, sich mit der betreffenden Person erst mal auf eine Couch zu setzen. Dann hockt man sich darauf. Später steigt man darauf und zeigt dadurch: »Hey – alles sicher hier oben!« Vielleicht steht man sogar zusammen auf der Couch. Mindestens aber hält man dabei die Hand der Person, die sich vor der Höhe

Mit anderen Worten: Seien Sie einfühlsam und ehrlich. Und versuchen Sie, jeden Tag gemeinsam mit Ihrem Kind seine Ängste ein Stückchen zu überwinden.

In die Kita bringen oder: Should I stay or should I go?

Als Robinson Crusoe an seiner einsamen Insel strandete, hatte er Grund zu weinen. Als Napoleon Bonaparte nach der Niederlage bei Waterloo nach St. Helena verbannt wurde, hatte er auch Grund zu weinen. Als meine Kinder das erste Mal im Kindergarten bleiben sollten … Naja, ich glaube, Sie ahnen, worauf ich hinauswill.

Meine eigenen Erinnerungen an den Kindergarten sind positiv, bunt und herzlich. Mit meiner Kindergartentante (ja, zu meiner Zeit hießen die noch so) hatte ich lange noch Kontakt – sie war sogar zu unserer Hochzeit eingeladen. Also rechnete ich damit, dass sich meine positive Grundeinstellung quasi von alleine auf meine Kinder übertragen würde. Bereits Monate vor Eintritt in den Kindergarten erzählten wir den Kindern von dem vielen Spaß, den sie haben würden, und von den vielen Freundschaften, die sie schließen würden. Wir kauften zusammen die neuen Rucksäcke und Frühstücksboxen sowie Matschhosen für draußen und übten miteinander die gängigsten Höflichkeits- und Alltagsfloskeln für Dreijährige: »Hallo, mein Name ist Maximilian. Darf ich die Schaufel haben?« und »Ich muss dringend aufs Klo.«

Der Eingewöhnungstag mit Mama war ein voller Erfolg: Scheu, aber neugierig wurde der Kindergarten vom Nachwuchs inspiziert, Spielzeug angetestet und die Pädagoginnen kritisch beäugt. Es sah kurzum nach einer Erfolgsstory aus. Bis zum ersten echten Kita-Tag. Genau genommen bis zur Minute des ersten kurzen und sanften Abschieds. Große Kinderaugen blickten entsetzt zu mir und große Krokodilstränen kündigten einen ausgewachsenen Weinkrampf an. Ich wollte meinem Nachwuchs gerade aufmunternd zusprechen, als wenige Meter von uns entfernt ein Heul-Geysir ausbrach. Schreiend warf sich ein von Kopf bis Fuß pinkes Mädchen mit Einhornpulli rücklings auf den Boden und weinte so heftig, dass die Tränen senkrecht aus den Augen zu fliegen schienen. Es war wie der berühmte fallende Dominostein. Rundherum brachen Weinkrämpfe los. Es war ein Kindergarten-Armageddon.

Die nächsten Tage wurde es zumindest schrittweise besser. Ich wartete natürlich draußen, um im Notfall einspringen zu können. Und irgendwann wagte ich sogar einen kleinen Einkauf. Klar, Profimütter kennen das: Eingewöhnung. Ich versuchte verschiedenste Methoden: ein großes Abschiedsritual mit Umarmungen und Küssen – katastrophal.

Unauffällig verschwinden, während das Kind abgelenkt war – Anruf der Kindergartenpädagogin, dass mein Nachwuchs kurz vor dem Nervenzusammenbruch stehe.

Und als ich schon aufgegeben hatte, und meinem Kind einen kleinen Abschiedskuss gab und ihm resignierend einen schönen Tag wünschte, passierte es: nix nämlich. Junior drehte sich um und verabschiedete sich beinahe grußlos von mir.

Das Heulkonzert ging wirklich erst dann los, als ich das Kind wieder vom Kindergarten abholen wollte!

Warum?

Wir haben hier gleich zwei kleine Probleme auf einmal. Zum einen hat das Kind eine völlig verständliche Trennungsangst. Trennungen von den Eltern tun Kindern fast auf die gleiche Weise weh wie körperlicher Schmerz. Die Trennung eines Kindes von seinen Eltern gilt als der wichtigste Stressor in der frühen Kindheit. Kleinkinder sind selbst in einer völlig fremden Umgebung wenig irritiert und kaum ängstlich, solange die Eltern dabei sind.

Während sich manche Kinder leichter tun mit Veränderungen und sich neuen Situationen bereitwilliger stellen, brauchen etwa leicht irritierbare Kinder mehr Unterstützung bei der Übergangsbewältigung. Der Prozess der Eingewöhnung erfordert Zeit, Geduld und einen regelmäßigen Austausch zwischen Eltern und pädagogischer Bezugsperson. Sie haben den Kindergarten ja gewählt, weil Sie ihn und die Pädagogen dort gut fanden

– haben Sie also weiterhin Vertrauen! In einem guten Kindergarten oder einer Kita wird man gemeinsam die Situation besprechen und nach Lösungen suchen.

Aber kommen wir zu unserem zweiten Problem: Warum tobt und brüllt das Kind nun, wenn man es wieder abholt? Da gibt es mehrere Möglichkeiten. a) Es ist noch in sein Spiel vertieft und will nicht damit aufhören. Das Kind ist also im viel gepriesenen »Flow«, es geht gerade völlig in seinem Handeln auf und lernt dabei sehr viel. Es will also noch weiterspielen. Oder b) Es kann sich von der Situation »Kindergarten« zur Situation »Mama« nicht von einer Sekunde auf die andere umstellen.

Was tun?

Die Eingewöhnung sollte immer sanft sein. Wenn Sie aber dann wirklich den Raum oder den Kindergarten verlassen, so gehen Sie relativ flott nach einer liebevollen Verabschiedung. Ja, auch wenn das Kind brüllt und das Mutterherz dabei bricht. Die Kinder beruhigen sich im Normalfall ganz gut. Wenn nicht, wird Sie die Pädagogin Ihres Vertrauens anrufen. Sie können also beruhigt sein!

Und der Heulkampf beim Abholen? Tja, wenn Die Kinder dabei ein großes Theater machen, so können Sie vorerst einmal nur den Raum betreten. Sie schauen Ihrem Kind ein paar Minuten beim Spielen zu. Es wird später sicher zu

Ihnen kommen und protestlos mit Ihnen nach Hause fahren. Und wissen Sie was? So ein Heulkrampf in der Kita ist eigentlich das Beste, was einem passieren kann. Hier werden Sie verstanden und niemand wird Sie komisch angucken. Sie sind also auf der sicheren Seite.

So gelingt der Kompromiss

- Wenn Kinder bei der Kindergarteneingewöhnung weinen, ist das logisch und verständlich – es hat viel mit Trennungsangst zu tun. Nehmen Sie diese Angst ernst.

- Wenn Sie das Gefühl haben, dass die Erzieherinnen einen Draht zu Ihrem Kind gefunden haben, verlassen Sie das Zimmer. Wichtig: Eltern und Kind müssen sich damit wohl fühlen.
- Heulkrampf Heulanfall beim Abschied? Im Normalfall geht er so schnell vorbei, wie er gekommen ist.
- Das Kind will nicht nach Hause? Lassen Sie es noch 3 Runden mit dem Traktor fahren und unterhalten Sie sich inzwischen mit der Pädagogin.
- Übergänge brauchen Zeit: Verlassen Sie nicht zu schnell den Kindergarten, fragen Sie, wie der Tag war.

Das machen die anderen

Heike (35), Mama von Fritz (2) und Leo (3)

Mein Mutterherz hat geblutet, als ich zum ersten Mal die heulenden Kinder in der Kita gelassen habe. Die 5 Minuten auf dem Flur waren die längsten meines Lebens. Doch dann hörte ich die beiden brabbeln. Die Erzieherin hatte es tatsächlich geschafft, sie zu trösten.

Tina (37), Mama von Finn (3)

Bei uns ist das Hinbringen immer sehr hektisch, weil ich ja selber zur Arbeit muss. Das Abholen hingegen verläuft entspannt. Finn merkt das total. Morgens ist er oft knatschig, am Nachmittag tiefenentspannt. Ich plaudere dann auch länger mit den Erzieherinnen.

Monika (26), Mama von Josephine (2)

Die Eingewöhnung war hart, aber mittlerweile geht Josephine sehr gern in den Kindergarten. Sie hat gelernt, dass sie sich immer auf mich verlassen kann und ich immer direkt nach dem Mittagsschlaf da bin. In der Zwischenzeit passt ihr Teddy auf sie auf.

Christian (31), Papa von Maya (2)

Wir haben herausgefunden, dass es viel besser klappt, wenn ich Maya morgens in den Kindergarten bringe. Wir singen schon im Auto ein paar Kindergartenlieder, um uns auf den Tag einzustimmen, und kommen gut gelaunt an. Mama ist dafür fürs Abholen zuständig. Für uns eine gute Arbeitsteilung.

Jana (41), Mama von Nora (3) und Noah (4 Monate)

Nora ist total stolz, dass sie jeden Tag von ihrem Bruder gebracht und abgeholt wird. Klar, ich bin auch dabei, aber mit mir kann man scheinbar nicht so gut angeben, wie mit dem süßen Baby.

Parallelwelt Kindergarten

Im Kindergarten ist einiges anders. Als ich die Zwillinge kürzlich aus dem Kindergarten abholte, konnte ich etwas schier Unglaubliches beobachten.

Die beiden hatten mich noch nicht bemerkt. Micky saß auf seinem kleinen Sesselchen und goss äußerst behutsam und vorsichtig Wasser aus einer großen Karaffe in sein Glas. Ich war schwer beeindruckt, aber auch irgendwie verstört. Als er schließlich mit dem Essen fertig war, nahm er seinen Teller und trug ihn ohne Gejammer zu einem Servierwagen. Potzblitz! Gibt's das wirklich? Ist das wirklich mein Kind?

Aber es sollte alles noch viel abenteuerlicher werden: Die kleine Maus aß nämlich Couscous und hatte ohne Murren die Brille auf der Nase. Das sind ja gleich zwei Wünsche auf einmal! Ich hätte beinahe hyperventiliert! Als ich das letzte Mal Couscous zubereitet hatte, wollten die Kinder damit eine Sandburg bauen. Das war's dann mit dem Couscous-Experiment. Und die Brille reißt sich der kleine Gangster immer sofort in hohem Bogen von der Nase. Die Kindergartenleiterin behauptet ja sogar, die

kleine Maus esse Obst – ich glaube aber, dass sie lügt ...

Trotzdem drängte sich mir natürlich die Frage aller Fragen auf: Was machen die im Kindergarten besser als ich?

Der Ton ist liebevoll, das Regiment streng. Und während ich schon bei dem Gedanken, mit 30 Kleinkindern einen Ausflug machen zu müssen, Blut und Wasser schwitze, ist das für Kindergärtnerinnen mal eben eine »kleine Abwechslung«. In Zweierreihen marschieren sie dann zum nächstgelegenen Spielplatz. Ich frage mich, wie sie es schaffen, dass sich 30 Kinder gleichzeitig anziehen. Es ist unfassbar: Da sind zwei tiefenentspannte Damen, die ein Rudel voller Kleinkinder leichter bändigen als ich meine zwei Zwerge. Der beste Ehemann von allen nennt gerade deshalb die Kindergärtnerinnen auch nur »die Navy Seals der Pädagogik«. Die räumen nämlich das Feld von hinten auf: Sie entschärfen die Minenfelder der schlechten Angewohnheiten und trotzige Widerstandsnester werden streng, aber liebevoll einfach weggelächelt. Und das alles so nebenbei! Diese äußerst geduldigen und tendenziell unterbezahlten Menschen schaffen das, was mir teilweise graue Haare bereitet. Grund genug also, eine Kindergartenpädagogin nach ihrem Geheimrezept zu fragen.

Experteninterview

Die 50-jährige Pädagogin Jaqueline DeDeugd hat Erziehungswissenschaften und Sonder- und Heilpädagogik studiert. Sie unterrichtet seit 28 Jahren angehende Erzieherinnen und ist seit fünf Jahren Fachvorstand der Bildungsanstalt für Kindergartenpädagogik in Linz (Oberösterreich). DeDeugd ist Mutter zweier Töchter und hat sowohl Trotzphase wie auch Pubertät schadenfrei überlebt.

Die Trotzphase im Kindergarten - gibt's die überhaupt?
Natürlich. Es ist ja eine Entwicklungsstufe, die Kinder unabhängig von örtlichen Gegebenheiten erleben. Der Unterschied zum Verhalten zu Hause ist, dass die Kinder mit den Pädagoginnen im Kindergarten nicht familiär verbunden sind. Sowohl Setting als auch Beziehungsqualität sind natürlich herzlich, aber dennoch anders als zu Hause. Außerdem verfügen Erzieherinnen durch ihre Ausbildung über ein gewisses Handlungsrepertoire und spezielle Strategien, wie man einem Kind begegnet, das seinen Willen zum Ausdruck bringt.

Na dann lüften Sie mal bitte das Geheimnis!
Fakt ist, dass Eltern ja oft etwas von ihren Kindern wollen: Die Kinder sollen sich anziehen, weil man einkaufen gehen muss. Der Nachwuchs soll aus dem Schwimmbad gehen, weil es spät ist, kalt wird und man nach Hause will. Man macht eine Aufforderung und die Kinder stellen sich quer, weil sie ihren Willen bekunden wollen. Doch eben in dieser Situation – man hat vielleicht einen wichtigen Termin – sollen die Kinder nun tun, was man möchte oder was eben notwendig ist. Stress und Zeitdruck kommen ins Spiel. Das ist das Problem. Die Erzieher haben es insofern leichter, weil sie von den Kindern nichts wollen, sondern ihnen stets etwas anbieten. Demnach ist alles ein Kann und kein Soll. Im Kindergarten müssen die Kleinen nicht Englisch lernen – sie können aber, wenn sie möchten. Professionelle Erzieherinnen haben eine gewisse emotionale Distanz und können dadurch leichter handeln. Die Beziehung zu den Kindern ist deswegen nicht besser oder schlechter – sie ist einfach anders. Die Eltern wollen ihren Kindern oft auch etwas ermöglichen, das sie für wichtig halten, die Kinder halten es aber nicht für wichtig. Etwa einen Englischkurs oder eine Spielgruppe. Dafür bezahlen die Eltern und erwarten sich dadurch natürlich auch Ergebnisse. Im Kindergarten sind solche Kurse immer nur Angebote, keine Pflichtveranstaltungen.

Sie sprachen von einem Handlungsrepertoire. Haben Sie konkrete Beispiele?

Die Zauberformel ist ganz einfach: Man muss dem Kind Entscheidungsmöglichkeiten geben. Dieses und jenes wäre zu tun – wie kannst du dich einbringen? Ein Beispiel: Wenn es draußen stürmt und schneit und das Kind keine Stiefel sondern Sandalen anziehen will, dann geht das natürlich nicht. Es gibt aber eventuell die Möglichkeit, warme und gefütterte Gummistiefel anzuziehen. Man stellt das Kind vor die Wahl: »Willst du die Winterstiefel oder die warmen Gummistiefel anziehen?« Das wäre eine dieser Lösungen, die man gut ausverhandeln kann.

Wie ist das bei kleineren Kindern, die ihre Wünsche noch nicht so artikulieren können?

Wenn ganz kleine Kinder einen Trotzanfall haben, dann ist es eben keiner. Es geht darum, sich die Frage zu stellen: »Warum weint mein Kind jetzt?« Vielleicht hat es Bauchweh? Bekommt es Zähne? Gibt es andere Gründe, warum das Kind emotional instabil ist? Trotz hat immer etwas mit eigenem Willen zu tun und beginnt erst ab dem Alter, in dem Kinder geistig in der Lage sind, in einen Dialog zu treten, egal ob verbal oder nonverbal.

Stimmt es, dass Kinder oft zu Hause trotziger sind als anderswo, weil sie sich da am sichersten fühlen?

Natürlich sollen sich Kinder in ihrem Sein zu Hause angenommen fühlen. Sie müssen wissen, dass ihre Eltern zu ihnen stehen, egal was passiert. Das heißt aber nicht, dass Kinder zu Hause alles dürfen sollen. Es kann nicht sein, dass sich ein ganzes System auf ein Kind einstellt und dabei selber auf der Strecke bleibt. Denn wenn sich alles um das Kind dreht, wird es für die Eltern anstrengend und zehrt an den Nerven. Solche Situationen hält keiner lange durch. Die grundlegende Frage ist also: Wie kann ich als Elternteil konsequent verhandeln, ohne dabei autoritär zu sein? Autorität und Strafen bringen in der Erziehung nichts. Sie sind eher störend und starten einen Machtkampf, den man als Elternteil immer verliert. Es geht in der Trotzphase um liebevolle Konsequenz und einen rücksichtsvollen Aushandlungsprozess von Wünschen. Es kommt auch sehr darauf an, ob man ein Kind verführen will, etwas zu tun – auch das klappt langfristig nicht. Die Kleinen merken nämlich sofort, dass sie quasi erpresst werden.

Stichwort Aushandlungsprozess: Wie kann der am besten klappen?

Durch einen ehrlichen Umgang und der Verbalisierung von Wünschen. Ein Beispiel: Die Familie hat einen Ausflug in den Tierpark geplant. Doch bevor alle abfahren, möchte man noch schnell die Wäsche aus der Waschmaschine aufhängen. Die Kinder quengeln, weil sie große Vorfreude auf den Zoo haben. Die Abreise verzögert sich aber. Man kann den Kindern ruhig erklären, dass man diese Aufgabe noch erledigen muss, weil man sonst am nächsten Tag nichts zum Anziehen hat. Eventuell können die Kinder sogar mithelfen, die Wäsche aufzuhängen, damit es schneller geht und dann können alle gemeinsam losfahren.

Wie kann man Regeln am besten einführen?
Langsam und schrittweise. Es nützt nichts, die Kinder eine Liste an Verhaltensvorschriften auswendig lernen zu lassen. Regeln müssen behutsam und gemeinsam mit dem Kind ausgemacht und eingeführt werden. Man kann etwa in der ersten Woche bestimmte Tischregeln besprechen und dann schauen, ob sie klappen. Eventuell kann man die Tischregeln dann adaptieren. Eine Woche später dann das Zubettgeh-Ritual so anpassen, dass es für alle Beteiligten in Ordnung ist. Fakt ist: Für das Zusammenleben in einer Gruppe brauchen wir gewisse Regeln, sonst funktioniert der Alltag nicht. Egal ob das im Staatsgefüge ist, in der Familie oder in der Schule. Es geht darum, dass sich alle wohlfühlen müssen, weil sonst ein Gemeinschaftsleben nicht möglich ist.

Was, wenn die Regeln nicht eingehalten werden?
Ich gehe grundsätzlich davon aus, dass Kinder und Menschen in einer sozialen Gemeinschaft leben wollen. Wenn Kinder gegen Regeln verstoßen, dann braucht es eine Möglichkeit, dass sie wissen: »Wie kann ich es wieder gut machen?« Wenn das Kind beispielsweise mit Essen wirft, kann man gemeinsam putzen. Wenn ein Kind ein anderes schubst, soll es sich ent-schuldigen. Es wird einsehen, dass sein Verhalten die anderen gestört hat.

Was machen Strafen mit der Persönlichkeit von Kindern?
Eine Strafe stellt immer das Negative in den Vordergrund und löst somit negative Emotionen aus. Das Kind geht automatisch in den Widerstand, ein Einsehen gibt es nicht. Vor allem fällt der Aspekt des Wiedergutmachens völlig flach und so wird ausschließlich negative Energie erzeugt. Hinzukommt, dass »die strafende Person« sich in eine mächtigere Position stellt. Nichts ist schlimmer, als mit Kindern in einen Machtkampf zu treten. Denn Kinder fürchten sich nicht so schnell vor etwas. Das wird dann vor allem für die Erwachsenen sehr schmerzhaft, wenn sie merken, dass die Kinder das Machtspiel weiter und weiter spielen.

Was raten Sie Eltern?
Als Elternteil sollte man die Trotzphase nicht als etwas Negatives betrachten. Das nimmt schon einmal viel Druck. Es ist doch schön, wenn Kinder ihren eigenen Willen entdecken! Es zeigt, dass es kluge Kinder sind, die ihren eigenen Weg gehen wollen, die selbstbestimmt handeln möchten. Es sollte nie »Willen gegen Willen«-Situationen geben, sondern man sollte sich vielmehr die Frage stellen: »Wie kann ich mein Kind unterstützen, sich selbst autonom zu erleben?« Das heißt aber nicht, dass man ständig nachgeben sollte.

Teilen oder: Meins, meins, meins!

Würden Sie jemandem einfach so Ihr Auto, Ihr Haus oder Ihren Mann borgen? Nein? Oder Ihre Socken, nur weil dem Betroffenen kalt ist? Wenn jemand sagt, er gäbe sein letztes Hemd, dann meint das niemand wortwörtlich. Warum sollten dann Kinder einfach so liebgewonnenes Spielzeug hergeben müssen – wenn auch nur für fünf Minuten?

Jedes Kind hat im Laufe seines jungen Erdendaseins ein Stofftier, das es mehr liebt als andere. Ein Stofftier das einfach viel mehr ist: ein Begleiter, ein Spielgefährte, ein Bettgenosse und ein Tröster. Nicht viel anders verhält es sich mit Bausteinen, Spielzeugautos oder einfach einem Ast, den man eben beim Spazierengehen gefunden hat. Oder einem Stein.

Es begab sich Folgendes: Kind 1 ist ganz entzückt, als die ersten Schneeflocken vom Himmel tänzeln. Und so ist klar, dass wir gemeinsam ein wenig spazieren gehen. Kind 1 und 2 liefern sich wilde Schneeballschlachten und ihre Fäustlinge sind ganz nass vom vielen Spielen mit dem Schnee. Doch alles hat ein Ende – nur die Wurst hat zwei – und so gehen wir nach einem langen Nachmittag an der eisig kalten Winterluft zurück ins Auto, um uns zu Hause mit heißem Kakao zu wärmen. Doch ich habe die Rechnung ohne meine Kinder gemacht! Die wollen nämlich sowohl Eiszapfen als auch Schneebälle mit nach Hause nehmen, um sie dort zu konservieren.

Ich bin von dem Plan nicht begeistert. Die Kinder weinen. Das Eis schmilzt und ich schwitze. Kurzum: Vor dem Auto wird es ziemlich feucht. Was also tun? Den Kindern die Eiszapfen aus der Hand reißen und unter lautem Brüllen eine Heimreise wagen? So tue ich, was eine Mutter tun muss: Ich beschließe zu tricksen und besorgte mir meinen eigenen Eiszapfen. Ein riesiges Exemplar, das ich an einem Gartenzaun entdeckt habe. Das Weinen verstummt und wird durch Laute stiller Zustimmung und Begeisterung ersetzt. Und während die beiden Schneemonster noch den Zapfen bewundern, schleudere ich ihn mit aller Kraft auf den Boden. Mit einem hörbaren Klirren zerspringt er in tausend Stücke.

Die Kinder sind begeistert. Und werfen ihre eigenen Eiszapfen mit einer Wucht, die ein 2-Jähriger ebenso aufbringen kann, auf den Boden, bis sie zerbrechen. Danach hüpfen sie laut lachend und kreischend auf den Eissplittern herum, die dabei laut knirschen. Dann werfen Sie sich noch lachend gegenseitig zwei Schneebälle ins Gesicht und steigen kichernd und prustend ins Auto ein. Manchmal macht es eben erst dann so richtig Spaß, wenn man etwas hergibt.

Warum?

Kinder haben noch ein eingeschränktes Verständnis von »mein« und »dein« und davon, was Allgemeingut ist. Spielzeug wird dabei schnell als integraler Bestandteil der Persönlichkeit verstanden, den es zu verteidigen gilt. Je mehr das Spielzeug am Herzen liegt (Stichwort Kuscheltier), umso schwieriger die Trennung. Kinder in der Trotzphase lernen gerade erst, dass sie eine eigenständige Persönlichkeit sind, deren Wünsche und Bedürfnisse losgelöst von denen der Eltern und der unmittelbaren Umwelt sind. Ein Eindringen in diesen noch nicht fertig definierten und variablen Raum kann zu dementsprechenden Reaktionen führen. Ähnlich wie bei einem eskalierenden Konflikt geht es nicht um eine logische Lösung, sondern um das Prinzip: Was mein ist, ist mein und geht dich nichts an.

Sobald Kleinkinder den Unterschied zwischen sich und anderen verstehen, fangen sie auch an, sich auf das Konzept von Eigentum zu konzentrieren: »meins« und im Gegenzug dazu »nicht meins«. Das Streiten um Spielsachen ist eine vollkommen normale Manifestation dieses auftauchenden Wissens. In den Augen eines Kleinkindes bedroht Teilen das neu verstandene Konzept von Besitztum.

Was tun?

Lernen Sie selbst die Grenzen Ihres Kindes kennen und verstehen. Ein abwesendes Spielzeug ist für die Kleinen wesentlich dramatischer, als wir Erwachsene uns das vorstellen können. Auf der Suche nach dem Lieblings-

stofftier kann es sein, dass Kinder den Namen des Stofftiers rufend durch das Haus rennen. Bevor Sie jetzt lachen: Würden Sie die Existenz Ihres Handys einfach vergessen, nur weil Sie es gerade nicht finden können? Es ist also verständlich, dass Kinder Spielzeuge nicht so einfach abgeben.

Kommt Spielbesuch zu Ihnen nach Hause, ist es gar keine schlechte Idee, wenn Ihr Schatz vorher sein Lieblingsspielzeug in Sicherheit bringt. Sicherlich gibt es noch genug andere Dinge, mit denen der Kindergartenkumpel spielen darf.

So gelingt der Kompromiss
- Betonen Sie, dass Teilen immer zeitlich begrenzt ist.
- Teilen hat auch Vorteile: Man gibt etwas ab und bekommt im Idealfall etwas Anderes.
- Seien Sie ein Vorbild und teilen Sie freigiebig: »Möchtest du bei meinem Brot abbeißen?«
- Geschwisterkinder verteidigen ihr Eigentum häufig vehementer als Einzelkinder, die sich ja einen Spielpartner wünschen würden. Also, nicht wundern!
- Wenn Eltern wollen, dass Kinder ihr Eigentum, wie etwa Handy oder Handtasche, respektieren, dann muss man als Elternteil auch das Eigentum des Kindes respektieren. Also: Niemals Spielzeuge einfach so wegnehmen!
- Wenn Ihr Kind ein Spielzeug abgibt, dann sollten Sie es dafür loben.

Geschwisterhiebe oder: Gemeinsam sind wir unausstehlich

Es soll ja Geschwister geben, die sich heiß und innig lieben. Zumindest in den Erzählungen anderer. Wenn ich meine beiden Windelterroristen dann anschaue, wie sie sich gegenseitig in der Nase bohren oder in den Schwitzkasten nehmen,

dann lächle ich nur müde und nicke beeindruckt.

Umso erfrischender ist es, mit alten Freunden zu plaudern. Mit Menschen, die man seit Ewigkeiten kennt und mit denen man früher nach durchtanzten Nächten morgens um fünf noch Hot Dogs essen ging oder ganze Nachmittage im Stadtpark abhing. Freundin Franzi ist eine dieser Freundinnen. Und es entspannt sehr, mit ihr zu telefonieren.

Das machen die anderen

Melanie (29), Mama von Anton (2) und Felix (3)

Wir haben alle kleinen Spielzeuge doppelt. Ich fände es ja auch doof, wenn ich mir meinen Lieblingspulli mit meiner Schwester teilen müsste. Großes Spielzeug wie Kasperltheater und Piratenburg müssen sie teilen.

Alexander (38), Papa von Paul und Georg (beide 3)

Wir lassen die Kinder mittlerweile das Spielzeug selber aussuchen. Sie nehmen meistens sowieso ähnliche Sachen, aber in anderen Farben oder Formen. Dann ist klar, wem was gehört, und es gibt keinen Streit.

Janetta (39), Mama von Julia (2)

Julia ist sehr freigiebig, was Spielzeug anbelangt. Ihr wird ja auch nie etwas

weggenommen – sie ist Einzelkind. In der Spielgruppe freut sie sich sogar, wenn sie anderen Kindern etwas geben kann.

Lizzy (32), Mama von Anna (3) und Konstantin (6)

Bei uns ist alles klar abgegrenzt: Mit einem Jungen und einem Mädchen unterscheidet sich das Spielzeug ja eh deutlich. Nur beim Fernsehen gibt's gröbere Interessenskonflikte. Aber das ist eine andere Sache.

Martina (39), Mama von Max (3) und Lotta (2)

Wer im Kindergarten nicht teilen kann, steht beim Spielen schnell alleine da. Das haben auch meine Kinder lernen müssen. Seither spielen sie auch miteinander viel besser.

Sie ist mit dem dritten Kind schwanger, wohnt leider viel zu weit weg für einen kurzen Kaffeeklatsch, darum sind wir auf einen wöchentlichen Tratsch per Telefon angewiesen. Dieser ist nur dann möglich, wenn alle vier Kinder gesund und gut gelaunt sind. Und diese Gespräche sind dann so unglaublich ehrlich:

Freundin Franzi: »Und? Streiten sie?«
Ich: »Ja. Viel. Und deine?«
Franzi: »Ständig.«
Ich: »Das beruhigt mich.«

Ja, meine Kinder sind unangepasst. Manchmal richtig schlimm. Sie können schubsen und hauen, denn einer schreit sowieso immer. Und eigentlich hören sie nicht so wirklich auf das, was ich sage. Liegt vermutlich an den Genen. Oder an einer Phase. Oder was weiß ich. Franzi ergeht es ebenso. Sagt sie zumindest immer.

Neulich schafften wir es dann doch, uns zu treffen. Inklusive der Kinder. Dementsprechend laut war es bei uns im Garten. Und ich war völlig entsetzt über Franzis Kinder, ja beinahe fassungslos: Die waren unglaublich brave Lämmchen im Vergleich zu meinen beiden! Franzis Kinder spielten selig und liebevoll miteinander, während meine schwarzen Schäfchen brüllten und schubsten, mit Spielzeug warfen und den braven Engelchen meiner Freundin das Eis aus der Hand rissen. Es gipfelte darin, dass unser Junior mit dem Bobby-Car über die Rutsche im Garten

fahren wollte, um eines ihrer Kinder von hinten zu erwischen.

Ich hatte Albträume. Wochenlang. Franzi versicherte mir persönlich und später auch noch am Telefon, dass dieser Nachmittag eine absolute Ausnahme gewesen sei und normalerweise ihre Kinder immer und überall die schlimmsten seien.

Ich war dennoch niedergeschlagen. Unsere Telefonate gingen trotzdem wie gewohnt weiter. Nur glaubte ich nicht mehr alles, was sie mir erzählte. Dann, nach Wochen, kam schließlich die Gegeneinladung. Vorsorglich stockte ich die Haftpflichtversicherung auf und speicherte die Telefonnummern von Glaser, Schlosser und dem nächstgelegenen Krankenhaus auf der Kurzwahlliste ein.

Der Tag der Tage kam. Und als wir bei Franzi eintrudelten, wurden wir sofort von einem Legostein am Kopf begrüßt. Franzis Kinder machten klar, wer hier der Chef ist. Der Nachmittag ging so weiter. Ihre Kinder zerstörten folgende Gegenstände:

- einen Blumentopf
- ein Sektglas
- einen Gegenstand, der von Franzi unter Tränen nur als »das Erbstück« bezeichnet wurde
- einen Bilderrahmen

Und meine beiden? Ach! Was waren die brav! Diese Engelchen! Sie warfen

Kusshändchen um sich und aßen artig mit Messer und Gabel. Beinahe flecken-frei. Mein Mutterherz schlug schnell und stolz, beinahe hätte ich einen Herzinfarkt bekommen. Vor Freude.

Warum?

Wenn Besuch kommt, müssen die Kinder ihr Territorium verteidigen. Da halten dann sogar Geschwister gerne zusammen und zeigen, wer der Herr im Haus ist.

Generell ist Geschwisterstreit normal. Wie ist das bei Ihnen, wenn Sie drei Wochen Urlaub mit Ihrem Ehemann verbringen? Man geht sich auf die Nerven, weil man viel Zeit miteinander verbringt. Bei Kindern ist es ähnlich: Wenn beide noch zu Hause sind, verbringen sie so gut wie 24 Stunden gemeinsam. Das kann natürlich zu Streit führen und ist nicht bedenklich. Wenn Kinder teilweise getrennte Tagesabläufe haben, bleibt ihnen weniger Zeit zum Streiten.

Das machen die anderen

Svenja (28), Mama von Paul und Leon (beide 2,5)
Meine beiden (B)engel sind wie Dr. Jekyll und Mr. Hyde – bei der Oma und anderen Verwandten die reinsten Engel, doch kaum sind wir wieder zuhause, benehmen sie sich wie wilde Hunde. Aber sie raufen sich auch wieder zusammen.

Ramona (30), Mama von Samuel (3) und Ilona (5)
Zuhause sind sie so brav und lieb, aber zusammen vollkommen ungeeignet für die Öffentlichkeit. Da gibt es nur Zank und Streit und jeder schreit lauter um meine Aufmerksamkeit. Besonders Ilona will ihren Bruder immer erziehen und das lässt der sich eben nicht gefallen.

Stefan (33), Papa von Marlon und Liliane (beide 3)
Unsere Kinder haben sich gegen uns verschworen. Zumindest kommt es mir manchmal so vor. Dann tuscheln sie miteinander hinter meinem Rücken, kichern und schauen mich lachend an. Die zwei sind so verschworen, dass es fast unheimlich ist. Und dann prügeln sie sich wieder.

Maria (24), Mama von Jan (2) und Malek (3)
Sie können nicht miteinander, aber auch nicht ohne einander. Im Endeffekt ist es wie bei meiner Schwester und mir damals.

Bedenken Sie außerdem, dass Kinder im Trotzalter oft noch nicht die verbalen Fähigkeiten haben, um Diskurse auszutragen. Ihr Mittel ist daher das Schubsen und Hauen, so drücken sie ihre Gefühle und Ansichten aus. Das ist nicht ideal, aber verständlich.

Was also tun?

Wenn Sie das Gefühl haben, dass Ihre Kinder ständig streiten, dann führen Sie doch mal ein Streittagebuch. Sie werden sehen, dass die gefühlte Streitzeit viel länger ist als die tatsächliche. Wie heftig so ein Streit ausartet, hängt übrigens stark vom Temperament der Kinder ab und weniger von der Erziehung. Streit und Konflikte sind nun mal Teil des Lebens.

Selbst bei wenig Platz brauchen Kinder Rückzugsmöglichkeiten, die man ihnen schaffen muss. Gönnen Sie einem der Kinder eine kleine Exklusivzeit bei Oma und gehen Sie mit dem anderen einkaufen oder ein Eis essen. Zu Hause gilt: Wenn Kinder streiten, dann mischen Sie sich nicht sofort ein, sondern atmen Sie erst einmal kurz durch. In dieser Zeit können Sie die Situation beobachten und einschätzen, ob das Einmischen hilfreich wäre oder ob sich das Problem von selber löst. Eine mögliche Formulierung beim Eingreifen wäre: »Was braucht ihr jetzt, damit ihr weiterspielen könnt, ohne zu streiten?« Das richtet den Blick in die Zukunft und sucht keinen Schuldigen. So ist man als Elternteil diplomatisch und überparteilich.

So gelingt der Kompromiss

- Führen Sie ein Streittagebuch. Streiten Ihre Kinder wirklich so viel oder fühlt es sich nur so an?
- Schaffen Sie Exklusivzeiten mit jedem der Kinder – so bekommen sie mehr Aufmerksamkeit.
- Setzen Sie relativ früh in der Erziehung Regeln fest, beispielsweise kein Werfen von Spielzeug, kein gegenseitiges Stoßen und auch kein Wegnehmen von Spielzeug.
- Versuchen Sie jedem Kind einige persönliche Spielzeuge zu schenken. Dann gehört dem einen Kind der Teddy und dem anderen der Plüschhund, einer hat ein grünes Auto und der andere ein blaues und so weiter.
- Nehmen Sie den Kindern Spielzeug weg, wenn Sie merken, dass die Situation zu eskalieren droht. Sagen Sie ihnen aber auch klipp und klar, dass sie das Spielzeug wiederhaben können, sobald sie sich vertragen.
- Spiegeln Sie Fehlverhalten im anderen Kind: »Wie soll er/sie sich jetzt fühlen? Was glaubst du? Möchtest du so behandelt werden?«
- Hin und wieder verlangen Kinder einfach nach mehr Aufmerksamkeit, insbesondere bei Verhaltensauffälligkeiten. Setzen Sie sich in Ruhe zu Ihren Kindern und nehmen Sie an deren Spiel teil.
- Müde Kinder streiten nicht – gehen Sie an die frische Luft und lassen Sie die Kinder auspowern.

Auf dem Spielplatz oder: Stolz und Vorurteil

Es ist so weit: Spielplatzzeit! Und wohl oder übel bleibt einem als Mutter nichts anders übrig, als Kind und Kegel einzupacken und sich auf den Weg zum nächstgelegenen Spielplatz zu machen. Mich nervt das in Wahrheit tierisch. Das liegt nicht am Spielplatz an sich, sondern auch an den Menschen, die man dort trifft. Und es liegt natürlich an den potenziellen Gefahrenquellen, die einen Spielplatz zu einem Jurassic Park für Jungmütter machen.

Wenn es nämlich nach Kind 1 ginge, wäre kein Baum und keine Hecke vor ihm sicher. Überall, wo man auch nur ansatzweise rutschen kann, würde er rutschen und das ohne Rücksicht, ob er etwa in einem Dornen- oder Minenfeld landen würde. Ich will keine Helikoptermutter sein und dauernd meinem Nachwuchs hinterherwuseln und alles, was sie anfassen könnten, im Vorfeld mit einem handlichen Taschenspray desinfizieren. Das stresst mich innerlich natürlich.

Kind 2 hingegen ist ein wenig ängstlich. Um genau zu sein, ist er mehr als nur ein wenig ängstlich und zurückhaltend. Er braucht keine Gefahren zu scheuen, weil er gar nicht in ihre Nähe kommt. Er ist der Traum jeder übervorsichtigen Mutter. Kennen Sie den Spruch »Vorsicht ist die Mutter der Porzellankiste«? Er ist der Enkel.

Kind 1 setzt dementsprechend ein Gesicht auf, als hätte ich ihm gerade Süßigkeiten für die nächsten 15 Jahre gestrichen, wenn ich ihn von der Schaukel nehmen will oder das Rutschen unterbinden möchte, weil der Hosenboden beinahe durchgewetzt ist. Daneben steht der kleine Verweigerer, der nicht mal eine halbe Rutschpartie machen möchte. Und beide schreien deswegen.

Jede durchschnittliche Mutter hat jetzt einen überdurchschnittlichen Schweißausbruch.

Ich lasse die beiden also kurz schreien, blicke mich auf dem Spielplatz um und bemerke, dass mich keiner zu bemerken scheint. Weiter hinten spielt eine Mutter mit ihrem Smartphone, während die Tochter eine beachtliche Höhe auf der Kletterseilpyramide erreicht hat und nicht so wirkt, als wüsste sie, wie man wieder herunterkommt. Von der anderen Seite vernehme ich abwechselndes Gewimmer, unterbrochen vom feinen Zischen eines Sprühpflasters. Eine etwas übervorsichtige Mutter kramt dazwischen in einer Notfallausrüstung, die sie aus einem Rettungswagen entnommen zu haben scheint.

Bei meiner kleinen Familie hat sich in der Zwischenzeit die Schlachtordnung geändert. Ein bis dato unbeteiligtes Kind Nummer 3 wird mit Sand beworfen, was bei allen Beteiligten für zweifelhafte Laune sorgt. Und so mache ich das, was eine Mutter machen muss: Ich verschiebe den

⬙ Manchmal findet Ihr Kind abseits von Spielplätzen das wahre Glück.

Spielplatzbesuch auf ein anderes Mal und wir gehen nach Hause.

Warum?

Kinder wollen am Spielplatz nicht so, wie die Eltern wollen? Was wollen die Eltern überhaupt? Dass Kinder etwas lernen? Ja, vermutlich. Doch Kinder lernen am besten im Handeln und im eigenständigen Erkunden. Sand kann man durch die Finger rieseln lassen, man muss nicht gleich eine Burg daraus bauen. Er ist körnig und trocken. Man kann ihn nass machen und damit matschen. Er hat also unterschiedliche Konsistenzen. Das ist doch schon eine Erkenntnis, oder?

Auf dem Spielplatz kann man auch schön beobachten, welche Temperamente Kinder mitbringen. Es gibt die Draufgänger, mittendrin statt nur dabei. Und die Zögerer, die lieber erst einmal zugucken, bevor sie sich selbst trauen. Unterstützen Sie Ihr Kind in seinem Tun, aber handeln Sie nicht gegen seine Natur. Ein zurückhaltendes Kind wird nicht mutiger, wenn man es immer und immer wieder drängt.

Überhaupt bin ich der Meinung, dass Eltern auf Spielplätzen eher Zaungäste und Zuschauer sein sollten. Und die Kinder einfach mal machen und entdecken lassen.

Was also tun?

Kinder kommen beim Spielen oft in den viel gepriesenen Flow. Mit anderen Worten: Kinder können völlig in einer Tätigkeit versinken und darin aufgehen. Dabei lernen sie. Und sie gehen völlig im Tun auf. Mahnende Worte oder gute Ratschläge nehmen sie in diesem Zustand gar nicht wahr, weil sie so sehr konzentriert sind, den Sand zu erkunden.

Seien Sie für Ihr Kind da und helfen Sie ihm, wenn es Hilfe braucht. Aber lassen Sie es selbst entdecken und vor allem entscheiden, was und wie gespielt werden soll. »Slow warmer« sollten nicht überfordert werden und die Wilden nicht zu sehr gebremst. Beide sollen aber sehr wohl wissen und erfahren, dass es Regeln auf dem Spielplatz gibt, die eingehalten werden müssen. Es ist auch sinnvoll, ein Zeitlimit festzulegen. Sagen Sie dem Kind ruhig, dass es noch dreimal rutschen darf und dann Schluss ist. So bereiten Sie eine protestlose Abreise vor.

Stören Sie Ihr Kind nicht im Flow, sondern lassen Sie es die Welt entdecken und erkunden.

So gelingt der Kompromiss

- Bereiten Sie die Kinder auf den Spielplatzbesuch vor. Ausflüge sollten immer zeitnah angekündigt werden, d.h. nicht zu spontan, aber auch nicht zu früh, da Kinder noch Probleme mit dem Einschätzen von Zeiträumen haben.
- Fragen Sie Ihr Kind, ob es auf den Spielplatz gehen möchte und sich darauf

freue. Zwingen Sie das Kind zu nichts, sondern lassen Sie es den Spielplatz und die Geräte in Ruhe erkunden.

- Helfen Sie dort, wo es notwendig ist, aber erzwingen Sie nichts. Stören Sie den Flow nicht. Mama Kolumbus hat ihren Sohn Christoph auch alleine losziehen lassen.

- Setzen Sie dem Spielplatzbesuch ein zeitliches Limit – auch da gilt es zeitnah zu agieren. Mit der Angabe »in 10 Minuten« können Kinder nichts anfangen, aber sehr wohl mit »noch dreimal rutschen« und »noch ein bisschen schaukeln«.

Beim Kinderarzt oder: Verhaltensauffällig sind die anderen!

Statistiken sind etwas Wunderbares: Im Vatikan leben aktuell pro Quadratkilometer vier Päpste, eine Frau kauft im Laufe ihres Lebens im Schnitt 111

Das machen die anderen

Christiane (26), Mama von Marlies (3) und Hendrik (5)
Auf dem Spielplatz sind meine beiden Lieblinge kaum zu bremsen. Hendrik passt aber gut auf seine kleine Schwester auf und zeigt ihr genau, wie die Spielgeräte funktionieren. Sie will ihm dafür immer nacheifern und wird immer wilder. Ich muss gut aufpassen, dass die beiden noch genug Energie für den Weg nach Hause haben.

Josefine (31), Mama von Lars (4)
Zuerst war Lars recht scheu, aber dann hat sich ziemlich bald eine kleine Spielplatzbande gefunden, die gemeinsam herumzieht und miteinander spielt. Das hat viel von der Aufregung genommen.

Karl (33), Papa von Monika (2)
Unsere Kleine war am Anfang sehr ängstlich und hat geweint, wenn wir sie auf eine Rutsche gesetzt haben. Aber mit der Zeit wurde das besser, obwohl sie noch immer kein allzu großer Spielplatzfan ist.

Violeta (27), Mama von Pawel (3)
Pawel ist sehr schüchtern. Im Kindergarten hat er allerdings Kontakt zu einem anderen Jungen geknüpft. Jetzt verabrede ich mich oft mit dessen Mutter, damit wir gemeinsam mit den Kindern zum Spielplatz gehen. So ist Pawel nicht allein und hat nicht so viel Angst.

Handtaschen und jeder Deutsche – vom Säugling bis zum Greis – trinkt jährlich 107 Liter Bier. Das Beste an Statistiken ist: Man kann vergleichen und optimieren, man kann evaluieren und manipulieren. Man kann Statistiken richtig und auch falsch auslegen. Und man kann damit vor allem eines: Menschen mit einem durchschnittlichen Hausverstand überdurchschnittlich verrückt machen. Neulich fuhr ich mit meinem Nachwuchs (laut Statistik sind das 1,4 Kinder) in unserer Familienkutsche (laut Statistik ein silberner VW Golf) zum Kinderarzt zur Vorsorgeuntersuchung. Als verantwortungsbewusste Mutter muss man die Termine wahrnehmen, auch wenn man die Sinnhaftigkeit jedes Mal wieder hinterfragt. Denn statistisch gesehen behandelt ein Facharzt 41 Patienten pro Tag – bei einem achtstündigen Arbeitstag nimmt er sich also 11,5 Minuten Zeit pro Kind. Aber egal, das muss ja im Einzelfall nicht so sein, wir reden ja immerhin nur von einem Durchschnittswert.

Meine 1,4 Zwillinge wurden also vom Arzt vorschriftsgemäß gewogen und gemessen. Und alle Daten wurden fein säuberlich in eine Tabelle eingetragen. Erfahrene Mütter wissen, es geht um die berühmte Perzentile. Dann sollten die Kinder ihre gelernten Zirkustricks vorführen, im Mediziner-Latein nennt man das U-Untersuchung oder Entwicklungskontrolle. Doch irgendwann hatte der Nachwuchs schließlich genug von der

Prozedur. Und Krach-Bumm: Der Trotz schlug zu. Auf die Frage: »Was ist das für eine Farbe«, antwortete Zwilling 1 mit: »Du bist blöd«, während Zwilling 2 das Spielzeug aus dem Regal nahm und auf Zwilling 1 einschlug. Zwilling 2 biss sich dabei mit hoch rotem Kopf in die Hand. Praktischerweise war der Kinderarzt gerade dabei, die Spalte »Sozialverhalten« im Untersuchungsheft auszufüllen.

Der Arzt runzelte die Stirn und schaute interessiert. Und mir schossen ein paar Statistiken durch den Kopf, die ich kürzlich gelesen hatte: 23 Prozent aller Fotokopiererschäden werden von Leuten erzeugt, die ihren Hintern kopieren wollen. Ich dachte daran, dass laut Statistik ein Millionär und ein armer Kerl jeder eine halbe Million Euro besitzen. Und dann war da noch eine Studie einer Versicherung in meinem Hinterkopf, nach der in Deutschland jedes Jahr mehr Leute durch Behandlungsfehler im Krankenhaus sterben als im Straßenverkehr.

»Die trotzen aber überdurchschnittlich«, sagte der Kinderarzt. Ich nickte wissend und relativ unbeeindruckt. Ich dachte: »Die Trotzphase ist eben kein Ponyhof.« Und wer will in unserer heutigen Gesellschaft, in der Individualität und stetige Veränderung das Credo sind, denn überhaupt durchschnittlich sein?

Meine völlige Gelassenheit, sollte aber bald ein jähes Ende finden. Und zwar an dem Punkt, als der Kinderarzt meinte: »Das Sozialverhalten ist auffällig.« Und sogleich machte er das Kreuzchen in der dafür vorgesehen Spalte und vermerkte: »Kind ist wenig kooperativ.«

Da war dann aber Schluss mit meiner stoischen Gelassenheit. Mit rotem Kopf sagte ich nur knapp: »Ich glaube nur noch zu 5 Prozent an Statistiken, zu 90 Prozent aber meinem gesunden Menschenverstand und in 5 Prozent aller Fälle verlasse ich mich auf mein Bauchgefühl. Nach Abwägung all dieser Faktoren kann ich ihnen heute klipp und klar sagen, dass ich zu 100 Prozent den Kinderarzt wechseln werde.«

Warum?

Wann haben Sie zuletzt beim Zahnarzt auf Ihren Termin gewartet? Kein schönes Gefühl, wenn einem der Geruch von Chlorphenol-Kampfer-Menthol-Lösung in die Nase steigt und man ziemlich genau weiß, was einen erwartet: im besten Fall eine Kiefersperre. Im schlechtesten Fall eine Wurzelbehandlung. Dass Kinder durch ihre bisher gemachten Erfahrungen nicht gerade glücklich beim Kinderarzt auf ihre Spritze oder Untersuchung warten, hat also durchaus einen logischen Hintergrund. Außerdem ist man als Mutter mit zwei Kindern in einer Arztpraxis generell ziemlich gefordert. Und eben diese Nervosität riechen Kinder förmlich, neben den bereits erwähnten anderen, strengen Praxis-Gerüchen.

Was also tun?

Planänderung oder Kompromisslösung ist beim Kinderarzt nicht so einfach. Mit andern Worten: Da muss die ganze Familie jetzt einfach durch. Ein guter Kinderarzt wird wissen, wie er mit der Situation umgeht, und hat gelegentlich kleine Belohnungen in der Schublade, auf die sich die Kinder freuen. Ein schlechter Kinderarzt wird dem Kind eine Verhaltensauffälligkeit attestieren, obwohl es sich doch nur in der Trotzphase befindet. Sollte Letzteres der Fall sein, dann wechseln Sie den Arzt. Gerade bei Kinderärzten ist eine gute Vertrauensbasis wichtig, denn hier müssen nicht nur Arzt und kleiner Patient harmonieren, sondern auch die Eltern spielen eine große Rolle. Ansonsten hilft es oft ganz gut, die Kinder auf den anstehenden Arztbesuch vorzubereiten und mit einem anschließenden Besuch im Spielzeuggeschäft zu bestechen. Pädagogisch nicht unbedingt der Weisheit letzter Schluss, aber manchmal äußerst effektiv!

So gelingt der Kompromiss

- Seien Sie selbst entspannt. Wenn Sie mit zwei Kindern zum Arzt gehen, nehmen Sie möglichst eine Begleitperson mit. Das nimmt von Anfang an eine große Portion Stress weg.
- Nehmen Sie Ängste und Sorgen des Kindes ernst und beruhigen Sie liebevoll. Die Angst ist logisch und verständlich. Nicht abschwächen! Sätze wie »Ist ja alles nicht so schlimm« geben dem

Kind das Gefühl, nicht ernst genommen zu werden. Die Furcht ist logisch und verständlich. Formulieren Sie Sätze wie: »Ich verstehe deine Furcht. Wie kann ich dir damit helfen?«

• Bestechen Sie, was das Zeug hält. Ihr Kind will eine neue Puppe oder einen Laster? O.K.! Vor allem wenn es um unangenehme Untersuchungen oder Impfungen geht, kann man hier mal eine Ausnahme machen und einen Tapferkeits-Laster verschenken.

• Bereiten Sie das Kind auf den Arztbesuch vor. Sagen Sie offen und ehrlich, was passieren wird. Kinder haben ein Recht auf die Wahrheit (außer wenn es um das Christkind geht). »Weißt du noch, da waren wir doch letztes Mal und du hast so tapfer die Spritze bekommen. Erinnerst du dich? Anschließend waren wir im Spielzeuggeschäft?«

Das machen die anderen

Barbara (35), Mama von Marie (2)
Ich finde das überhaupt nicht schlimm. Die Kleinen lassen doch nur raus, wie die sich gerade fühlen – unwohl, unsicher und ängstlich wegen dem, was da kommt! Wie oft sitzen wir denn vor einer unschönen Untersuchung und uns geht auch der A... auf Grundeis.

Melli (37), Mama von Kurt (4) und Evi (2)
Ich spiegele das Verhalten meiner Kinder. Einerseits damit der Arzt merkt, dass mir auffällt, wenn meine Kinder sich danebenbenehmen, andererseits auch, um den Kleinen einen Spiegel vorzuhalten. Entweder es klappt oder es steht dann im Mutter-Kind-Pass: »Mutter und Kind sind auffällig.«.

Samira (32), Mama von Klaus (6) und Lena (2)
Wir haben auch den Stempel »starke Abwehrhaltung« als Eintrag ins Untersuchungsheft bekommen. Aber wen kümmert's?

Christina (29), Mama von Leo (4)
Mitlachen! Unser Kinderarzt hat viel Humor und findet es eher witzig. Und

im Ernst: Wenn es jemand verstehen sollte, dann ein Kinderarzt! Mein Kleiner hatte sich bei der letzten U-Untersuchung, bei der es ausgerechnet ums Sprachvermögen ging, geweigert, auch nur ein einziges Wort zu sagen. Normalerweise plappert er ohne Unterlass. Der Kinderarzt fand es lustig und versuchte es nicht weiter – er unterhielt sich einfach mit mir über Wetter und Urlaub, bis der Kleine keine Lust mehr hatte zu schweigen und anfing loszuplappern und mich zu fragen, wann wir nach Hause gehen. Ja, wir haben einen sehr coolen Kinderarzt.

Nathalie (36), Mama von Emma (3) und Anna (5)
Mitbrüllen. Dann glaubt der Arzt, es liegt einfach in der Familie. Nein, im Ernst, ein Kinderarzt sollte wissen, dass das ganz normal ist.

Tanja (32), Mama von Ilva (3)
Abwarten und Teetrinken! Jede Phase geht vorbei.

Tschüss Trotzkopf

Die gute Nachricht zum Schluss: Jede Trotzphase ist einmal vorbei. Und auch wenn Sie es erst nicht glauben wollen, Sie werden Ihren Trotzkopf vermissen.

Auf den letzten Seiten haben wir Ihnen Möglichkeiten gezeigt, gewisse Situationen mit Trotzköpfen zu meistern. Doch seien wir ehrlich: Die Gründe für kleinkindliche Wutanfälle sind mannigfaltig und oft unergründlich.

- Der Fön darf nicht mit in die Badewanne.
- Der Fön ist zu laut.
- Zum Frühstück gibt es Brot mit Rinde.
- Zum Frühstück gibt es Brot ohne Rinde.
- Das Kind darf nicht als Eisprinzessin in den Kindergarten gehen.
- Auch nicht im Pyjama.
- Papa sitzt auf der falschen Seite der Couch. Und trägt noch dazu den falschen Pullover.
- Oma kommt zu Besuch.
- Oma geht wieder nach Hause.
- Die Nudeln sind zu lang.
- Das Fenster ist nass, weil es draußen regnet.
- Man kann zwei Sonnenbrillen nicht übereinander aufsetzen.
- Mama soll sich hinsetzen.
- Die Milch ist zu weiß.
- Der Käse schmeckt nicht nach Wurst.
- Im Fernsehen läuft Peppa Wutz.
- Im Fernsehen läuft kein Peppa Wutz.
- Die Kinder dürfen nicht mit Hundekacke spielen.
- Ich reibe den Parmesan.
- Die Brotstücke in der Lunchbox sind zu groß geschnitten.
- Das Kind will das Haus nicht verlassen, obwohl ohnehin gar kein Ausflug geplant ist.
- Es ist zu hell – wir sollen die Sonne ausschalten.
- Das Wasser ist zu durchsichtig. Und außerdem viel zu nass.
- Das Brüderchen hat auch etwas zu essen bekommen.
- Die Erzieherin heißt Ursula.

- Das Kakaopulver ist vor der Milch in der Tasse.
- Am Abend wird es dunkel.
- Die Badehose ist nass.
- Unter dem Baum ist Schatten.
- Die Decke ist zu weich.
- Der Löwenzahn ist zu gelb. Und außerdem noch keine Pusteblume.
- Die Seife schäumt.
- Auf der Zahnpastatube ist kein Auto.
- Der Geschirrspüler ist fertig.
- Die Schwester trotzt. Eine gute Gelegenheit einzusteigen.

Um es überspitzt zu formulieren: Egal wie behutsam Sie mit Ihrem Kind umgehen – es wird Gründe finden, um zu explodieren. Nehmen Sie es also gelassen und liebevoll zur Kenntnis, dass die Trotzphase ein Entwicklungsprozess ist. Gerade diese Einstellung hilft, der Autonomiephase den Schrecken zu nehmen. Und Sie werden später lustige Geschichten erzählen können.

Wann ist es vorbei?

Etwa ab dem vierten Lebensjahr Ihres Kindes geht auch die Trotzphase vorüber. Sie kann in manchen Fällen aber auch bis zum sechsten Lebensjahr anhalten. Und wenn sie vorbei ist, ist Ihr Kind klüger und geschickter, es ist erwachsener und bedachter. Es ist auf seinem Weg zum eigenen Individuum ein großes Stückchen weiter gegangen. Im Idealfall hat es ein

- Das Kind darf nicht mit dem Fleischmesser spielen.
- Das Kind darf seinem Bruder nicht die Haare schneiden.
- Nach dem Baden sind die Hände runzelig.
- Der Kindersitz ist schwarz.
- Die Ampel ist rot.
- Das Kind darf nicht ins Stromkabel beißen.
- Das Kind passt nicht durch die Katzenklappe.
- Das Kind soll nicht mit dem Wasserkocher spielen.
- Die Glühbirne ist durchgebrannt.
- Der Sand ist zu sandig und bröselt.
- Das Gras ist zu grün.
- In der Frühstücksbox sind Erdbeeren.
- Die Schuhe sind schmutzig.
- Es gibt Reis.
- Das Kind will einen blauen Löffel.

abgesichertes Selbstbewusstsein, sein Urvertrauen hat sich in Selbstvertrauen gewandelt. Und je gründlicher und effektiver das gelungen ist, desto eher lassen die Trotzerscheinungen nach und weichen geistgesteuerten, kommunikativen Beziehungsmustern. Das nennen wir dann erste Ansätze zur Vernunft. Mit anderen Worten: Sie haben kein Baby oder Kleinkind mehr zu Hause, sondern einen Minimenschen mit eigenem Köpfchen, der seine Eltern nicht mehr so braucht wie früher.

Warum wir den Trotzkopf vermissen werden

Wie wir wissen, folgt auf jede Flut Ebbe, auf jeden Trotzanfall eine Kuschelphase. Und Ihr Kind wird vielleicht weniger an Ihrer Seite sein als früher. Es hat nun genug Selbstvertrauen gesammelt. Es

ist durch die Autonomiephase ein Stück unabhängiger geworden und wird vom trotzigen Kleinkind bald zum stolzen Schulkind. Das ist natürlich toll, zeigt uns aber auch, dass sich unsere Kinder langsam, aber sicher auf den Weg in die Selbständigkeit machen. Es zeigt uns auch, dass wir alt werden. Ihr Kind hat vielleicht sogar schon eigene Beziehungen aufgebaut – vielleicht hat es Freundschaften im Kindergarten geknüpft und kann bereits seine Wünsche und Gefühle artikulieren oder seine eigenen Ideen umsetzten.

Eines ist jedenfalls sicher: Mit Geduld, Liebe und viel Humor gehen die »terrible two«, wie die Autonomiephase im Englischen heißt, schneller vorüber. Seien Sie sich also immer bewusst: Die Trotzphase ist ein kleiner Schritt in der Erziehung, aber ein großer Schritt auf die Autonomie des Kindes zu.

⌃ Mit spätestens sechs Jahren ist die Trotzphase vorbei. Ihr Kind hat viel gelernt. Und Sie haben sich Ihre Muttertagsblumen schwer verdient!

Bibliografische Information der Deutschen Nationalbibliothek
Die Deutsche Nationalbibliothek verzeichnet diese Publikation in der Deutschen Nationalbibliografie; detaillierte bibliografische Daten sind im Internet über http://dnb.d-nb.de abrufbar.

Programmplanung: Celestina Filbrandt
Redaktion: Sophie Wölbling, Düsseldorf
Bildredaktion: Christoph Frick, Nadja Giesbrecht
Umschlaggestaltung und Innen-Layout:
CYCLUS Visuelle Kommunikation, Stuttgart

Bildnachweis
Umschlagfoto: fotolia/Getty Images (Montage)
Getty Images: S. 89

www.pressthebutton.de: S. 2, 7, 126/127

plainpicture/4r3p: S. 4, plainpicture/Cavan Images: S. 8/9, plainpicture/Mint Images: S. 12, plainpicture/ R. Mohr: S. 14/15, plainpicture/Iris Loonen: S. 27, plainpicture/Cultura/Emely: S. 32, plainpicture/ Frank Muckenheim: S. 48, plainpicture/Johner/ Alicia Swedenborg: S. 56, plainpicture/PhotoAlto/ Anne-Sophie Bost: S. 63, plainpicture/Astrakan: S. 71, plainpicture/Tytia Habing: S. 79, plainpicture/ R. Mohr: S. 85, plainpicture/Design Pics: S. 113, plainpicture/Bénédicte Lassalle: S. 123

1. Auflage 2017

© 2017 TRIAS Verlag in Georg Thieme Verlag KG
Rüdigerstraße 14, 70469 Stuttgart

Printed in Germany

Satz und Repro: Reemers Publishing Services GmbH, Krefeld
gesetzt in Adobe Indesign CC 2017
Druck: AZ Druck und Datentechnik GmbH, Kempten

Gedruckt auf chlorfrei gebleichtem Papier

ISBN 978-3-4321-0134-7

Auch erhältlich als E-Book:
eISBN (ePub) 978-3-4321-0132-3

1 2 3 4 5 6

Wichtiger Hinweis: Wie jede Wissenschaft ist die Medizin ständigen Entwicklungen unterworfen. Forschung und klinische Erfahrung erweitern unsere Erkenntnisse. Ganz besonders gilt das für die Behandlung und die medikamentöse Therapie. Bei allen in diesem Werk erwähnten Dosierungen oder Applikationen, bei Rezepten und Übungsanleitungen, bei Empfehlungen und Tipps dürfen Sie darauf vertrauen: Autoren, Herausgeber und Verlag haben große Sorgfalt darauf verwandt, dass diese Angaben dem Wissensstand bei Fertigstellung des Werkes entsprechen. Rezepte werden gekocht und ausprobiert. Übungen und Übungsreihen haben sich in der Praxis erfolgreich bewährt.

Lassen Sie sich inspirieren!
www.pinterest.com/ triasverlag

Besuchen Sie uns auf facebook!
www.facebook.com/ mama.mag.trias

Making of

»Einer schreit immer« ist der Name
unseres Blogs. Das zeigen auch unsere
Familienfotos. Und gerade in der Trotzphase schreit immer einer. Ob Eltern oder
Kinder - es gilt Ruhe zu bewahren! Denn
wie schon der Name sagt: Die Trotzphase ist eben nur eine Phase. Und sie geht
vorbei. Auch wenn man es manchmal
nicht glauben kann. Mit viel Liebe, Humor
und gegenseitigem Verständnis lässt sich
dieser emotionale Ritt bewältigen...

Mehr Familienwahnsinn gefällig?
www.einerschreitimmer.com

ENJOY SUMMER

Einer schreit immer

BONJOUR

Die ungeschminkte Wahrheit über das Leben mit Zwillingen